技术·资本和货币

张体华　毕美霞 / 著

TECHNOLOGY CAPITAL CURRENCY

中国经济出版社
CHINA ECONOMIC PUBLISHING HOUSE
·北 京·

图书在版编目（CIP）数据

技术·资本和货币／张体华，毕美霞著．--北京：中国经济出版社，2024. 12. -- ISBN 978 - 7 - 5136 - 7989 - 3

Ⅰ. F120. 2

中国国家版本馆 CIP 数据核字第 202408HZ20 号

责任编辑　孙晓霞　井　铭
责任印制　马小宾
封面设计　任燕飞设计工作室

出版发行　中国经济出版社
印 刷 者　北京艾普海德印刷有限公司
经 销 者　各地新华书店
开　　本　710mm × 1000mm　1/16
印　　张　14. 5
字　　数　194 千字
版　　次　2024 年 12 月第 1 版
印　　次　2024 年 12 月第 1 次
定　　价　168. 00 元
广告经营许可证　京西工商广字第 8179 号

中国经济出版社　**网址** http://epc. sinopec. com/epc/　**社址** 北京市东城区安定门外大街 58 号　**邮编** 100011

前言

在孩童时期，我就对经济学产生了浓厚兴趣；上了大学之后，我开始系统学习经济理论。大学期间，郑州图书馆里我感兴趣的经济类书籍几乎被我翻个遍。工作后，通过不断地学习和实践，我有了更多自己的思考，并且在实际生活中不断地去论证这些思考的正确性。后来慢慢有了要写一本经济类书籍的想法。由于一个人的知识和能力有限，我找到了同样对经济学感兴趣的大学同学毕美霞同志，两人一拍即合。

经过两人多年努力，《技术·资本和货币》的初稿终于于2024年5月完成。书中提出了最终购买力和资本购买力两种不同性质和运动规律的社会购买力概念，提出了技术和消费是推动经济增长的两种动力，并论证了在两种不同动力下经济体各要素的变动规律，提出了技术性商品具有创造自己消费需求的能力，提出了由消费推动的发展中国家劳动价格临界线（相当于刘易斯曲线）及其对应的由技术推动的发达国家劳动力价格临界线。

书中所有观点都是我与毕美霞同志的个人观点，如有瑕疵或不同意见，欢迎各位读者提出指正，也非常期待与大家探讨学习。

最后要感谢中国经济出版社编辑老师对本书出版付出的辛苦，正是她们的赏识和大力支持，此书才得以出版。

张体华

2024 年 12 月 12 日

| 目录 |

绪　论

当今世界任何一个国家，无论资源还是生产力都不具备独立支撑其实现富裕或维持富裕的能力。通过经济体的开放把本国经济融入世界经济体系，参与世界经济体的分工和交换，是实现国家富裕并维持富裕的必由之路。

在逐步融入世界经济体系的过程中，一国无论愿意与否，其经济都必然受制于现存的国际经济秩序。

像中国这样一个势必实行战略性管理的大国，在逐步融入世界经济体系的过程中，要在遵守现有国际经济秩序的基础上制定本国经济发展战略。通过参与世界经济的分工和交换并以此来影响或改变现有的国际经济秩序，使该秩序更有利于本国经济战略目标的实现，这对当前中国经济结构的转型及维持经济的持续增长和发展是至关重要的。

要制订事关国家崛起和民族复兴的国家经济发展战略，就必须坚持并运用马克思主义的立场、观点与方法去分析和解决现实中的新情况、新问题，并在坚持马克思主义基本经济原理的基础上，加入更多现代元素，与时俱进地进行理论创新。

实践性和时代性是经济学的本质特征。特别是马克思主义经济理论，它主要以对产生它的那个资本主义政治和经济制度进行揭示和批判的形式表现出来，这就使马克思主义经济理论更像是一种哲学理论。因此，坚持和采用马克思主义经济理论，首先要坚持马克思主义是研究社会经济问题的出发点和提供这种研究的方法。

改革开放后，特别是社会主义市场经济建立起来后，西方经济理论开始在中国盛行，很多经济学者都成了西方经济理论的“信徒”，更有甚者，在不知不觉中被“和平演变”成了西方经济理论的“门徒”。他们没能看到西方经济理论的缺陷，更没能看到西方经济理论的基础与发展中国家，特别是中国的现实有天壤之别。

在整个资本主义经济增长和发展历程中，技术始终是作为重要推动力而存在的。资本主义从兴起到成长阶段，技术为主导动力；到“二战”后资本主义经济的繁荣和发展阶段，技术和消费共同主导经济增长。在技术推动下，资本主义国家的信用货币演化为世界货币，资本演化为国际资本，并利用其构建国际货币体系和国际资本体系的优势，把生产建立在世界范围内的需求之上，把消费建立在世界范围内的生产之上，其中技术是关键的推动力。如果把一国经济结构从下到上分成三个部分，即对应低收入的基本盘、对应中等收入的成长盘和对应高收入的技术盘，那么资本主义国家的经济增长和发展是从技术盘开始的，是主要由技术推动的，是从上到下的经济增长模式和发展路径。技术天然具有将货币转化为资本的能力，技术性商品具有创造自己消费需求的能力及技术领域的高附加值性质（注：上述提法在本书中都有专章论述，在绪论中读者还会遇到一些新提法，包括接下来的“劳动力价格临界线”一说，它们在本书中也都有详细论述，如无必要，在绪论里不再一一注解），这意味着技术领域创造的大量财富会源源不断地辐射到整个经济体，无论是成长盘还是基本盘，它们的消费增长基本上都直接或间接来源于由技术盘创造的新增价值。西方资本主义国家由技术推动的劳动力价格达到临界线时，或是在技术推动下，越过由技术推动的劳动力价格临界线一跃成为经济发达国家时，也逐步完成了信用货币的世界货币化和资本的国际资本演化，构建起了由其主导的世界货币体系和国际资本体系。

发展中国家包括中国，其经济增长和发展的路径与发达国家正好相反。“二战”后，发展中国家获得民族解放和国家独立，准备发展经济时，发现各领域、各层面的技术早已被西方国家垄断，国家一穷二白，经济增长和发展既不能依靠技术，更指望不上消费（注：在本书中，技术推动的投资和消费推动的投资是推动经济增长的两种仅有的动力，公共财政和出口归为消费范畴），发展中国家经济的增长和发展在初期只能依赖出口，即外部消费。当发展中国家经济发展达到一定高度，国内消费获得明显增长，但在技术领域仍未达到相应高度时，经济的发展则主要由消费推动，是由基本盘开始的，是由下到上的经济增长和发展路径。

由技术推动的经济增长与由消费推动的经济增长是两种不同的经济增长模式，它们对经济体劳动力结构、消费结构和商品价格变动的影响有天壤之别。对发展中国家而言，与资本主义国家的经济基础差别如此之大，如果不加区别地照抄照搬西方经济理论，其往往南辕北辙、事与愿违。

以股票市场里的融资融券工具为例，西方发达资本主义国家的经济增长主要由技术推动，这些国家属于技术化经济体。货币是世界货币，资本是国际资本，其股票市场是建立在世界范围内资本之上的，当出现融券非理性做空时，上述要素能起到纠偏作用。特别是技术化要素、技术化经济体所具有的持续、稳定的高收益具有强制要求股价回归理性的内在功能。在上述情况下，融资和融券对股票市场的影响是等量、等度的。也就是说，在西方发达资本主义国家的股票市场，融资买入的风险与融券做空的风险是对等的。

发展中国家就不同了。发展中国家的经济增长是由消费推动的，而且主要是由出口，即外部消费推动的，其信用货币和资本的国际化程度不高，甚至可以忽略不计。当出现融券非理性做空时，经济体内具备纠偏作用的要素几乎没有，经济体自身也不具有提供持续、稳定的高收益性质，也就不存在强制纠偏、强制要求股价回归理性的能力。基于此，融券做空的收益远远大于融资买入的收益，融券做空的风险远远小于融资买入的风险。股市越高涨，融券做空的风险越低，收益越高，就单个股票而言，市值越大越容易被做空。

从长远来看，在融券做空动能下，大市值的国有企业股价低于净资产、市盈率低至平均市盈率将成为市场常态，整个股市被融券做空压制十年、几十年都难有起色也就再正常不过。

发展中国家要想越过由消费推动的劳动力价格临界线（注：不同于西方国家由技术推动的劳动力价格临界线，相当于中等收入陷阱），就必须且只能依靠技术和本币的世界货币化来推动。中国股市的功能不能简单归结为融资功能，它应该也必须是中国孕育技术企业的温床，必须与国债一起成为支撑人民币世界化的两大支柱。如果中国股市在融券做空情况下一直一蹶不振，将严重阻碍中国经济技术化和人民币世界化进程。

至于西方经济理论，严格来说，除了宏观的市场经济理论，并没有多大实用性。本质上，它是替西方资本主义国家和西方资本掩饰和美化财富来源的一门学说。

首先，西方经济理论忽视了技术在经济发展过程中的决定性作用。

在整个资本主义经济发展历程中，恰恰是技术要素起着最重要、最关键的作用，技术与资本相结合始终决定和支配着整个资本主义发展过程（注：本书中提到的所有“资本”，包括书名中的“资本”都是指货币资本。在马克思关于资本三要素的论述中，只有货币资本能在动态上全面体现出资本数量的多少、资本规模的大小及资本运动的方向和趋势。由于本书论述的所有要素对象及尝试探寻的一些经济规律都是建立在动态要素基础上的，故资本在本书中也只能专指货币资本）。

其次，资本和货币虽然是西方经济理论研究的主要要素，但两者间的区别和转换界限始终模糊不清，资本总是被包含于货币之中，以货币的形式表现出来，不能充分地对作为最终购买力的媒介货币和作为资本购买力的资本货币这两种不同性质和不同运动规律的货币进行深层次理论分析。因此，也就不能充分地用理论来论证技术、资本和货币这三者之间的关系，以何种途径和方式推动或改变生产力结构、消费结构和劳动力结构，在经济体系中是如何变动的。而事实上，在整个资本主义经济发展历程中，正是技术、资本和货币三者相互结合和转换，通过推动或改变资本主义经济体内的生产力结构、消费结构和劳动力结构来实现经济增长和发展。

最后，在西方经济理论中，货币数量论始终占据着西方货币理论的正统地位。这一理论认为，货币是中性的，仅作为一种交换媒介而存在，独立于经济活动之外，对真实经济活动没有实质性的影响。直到自由资本主义时期后，货币在西方经济理论中才作为经济变量中的一个要素而存在，但在那个时期，无论凯恩斯经济理论还是新自由主义经济理论，都只注重货币的短期分析，即货币对真实经济活动的短期影响，而在长期分析中，货币又重新回到自由资本主义时期的货币数量论上。事实上，货币作为经济活动的重要要素之一，始终对整个资本主义经济发展产生着重要影响。

由于西方经济理论存在不完善之处，不能全面、充分地解释一些经济学现象，特别是20世纪70年代以来，以下经济现象的出现对西方经济理论发起了挑战。

其一，20世纪70年代，世界货币体系即布雷顿森林体系崩溃，黄金作为世界货币的地位彻底终结。世界货币进入以信用为本位的信用货币，即纯纸币时代，西方国家货币的政治功能开始强化并迅速彰显出巨大的威力。西方国家的信用货币开始取代资本成为西方国家向世界输入资本的主要工具，同时为西方资本从世界持续汲取财富提供保证。

其二，当西方国家越过由技术推动的劳动力价格临界线而跃升为发达经济体之后，把生产建立在世界需求之上，把消费建立在世界生产之上，进入经济全球化阶段，西方国家也由争夺市场和资本转向了争夺世界货币主导权。

其三，建立在技术差异、消费差异和劳动力差异基础之上的社会生产力在全球范围内转移，使原属于一国经济体系内的生产力结构和消费结构被世界经济体系所取代，世界货币和国际资本的作用得到空前扩张并在世界经济中占据着统治地位。

以上技术、资本和货币之间的运动规律对世界经济深层次影响而产生的经济现象，已经不是以一国或单一经济体为主要考察对象的经济理论所能解释的了。

既然西方经济理论对于已经发生的（历史的）经济现象的解释存在漏洞，对正在发生的（现实的）经济现象的解释也不够充分，这就需要寻找一个与时俱进的理论模式来解释和研究世界经济的发展规律。本书对于技术、资本和货币的论述，是基于马克思劳动价值论作出的分析，以期揭示出世界经济的发展规律。西方经济理论之所以忽视技术，未能分清资本和货币的界限，就是因为它们忽视了马克思的劳动价值论。

本书通过对技术、资本和货币及三者之间结合和转换的论述及分析，揭示并探讨在技术的参与下，决定和支配世界经济发展的基本规律，并尝试在此基础上提出一些个人的经济观点。这些观点既要对已经发生的（历史的）和正在发生的（现实的）各种经济现象和经济问题作出合理的、令人信服的解释，还要对未来可能出现的各种主要经济现象和经济问题作出有据可循的预测。

第一章

货币的分化

第一节　最终购买力

货币是商品经济发展的产物，是人类文明的标志之一。货币最初作为商品交换的媒介。商品生产的最终目的是使商品的使用价值（商品效用）得到最终确认，商品交换又是商品的使用价值实现的唯一形式（除自给自足的产品外），因此作为商品交换媒介的货币，在产生的最初阶段的主要作用就是便利货币持有人对商品使用价值进行购买，也就是说货币持有人对商品使用价值的购买是货币流通的前提。如果货币持有人对商品的使用价值不感兴趣，那么无论拥有多少货币，他也不会购买该商品；如果货币持有人对商品的使用价值感兴趣但货币不足时，他就会想尽办法，甚至用借贷的方式达到购买目的。正是因为货币持有人购买商品的目的不是因为商品具有价值（交换价值）而是因为商品具有使用价值（商品效用），所以货币在产生的最初阶段，作为交换媒介，其运动是随着商品的，是完全被动的。由货币运动所产生的购买行为的目的是最终消费，因此，它是一种消费型的货币购买力，或者说是社会的最终购买力。货币在这种运动中表现出交换媒介的性质。我们把这种用以购买商品的使用价值（商品效用）并用于最终消费的货币称为媒介货币或“最终购买力”，把由最终购买力产生的购买行为称为消费。

第二节　资本购买力

随着生产力的发展，作为特殊商品的货币，由于其本身所具有的价值性，又被人们赋予了价值尺度、流通手段、贮藏手段、支付手段及世界货币的职能，这样在人们心目中形成了一种财富观，货币成为财富的象征。拥有货币就意味着拥有财富，货币也由一种交换手段转变成了一种交换目的。在这种货币财富观的驱使下，货币出现了以购买商品的价值（交换价值）并以价值增值为目的的新的货币运动（通俗讲就是商业的雏形）。与用于消费的媒介货币运动不同，在这种新的货币运动中，商品的使用价值（商品效用）对货币持有人已无关紧要，他们更关心商品是否能给他们带来货币的增值，因此，货币在这种运动中具有逐利性和主动性。由于货币运动所产生的货币购买行为是为了获取货币的价值增值，而货币价值增值又是通过商品或劳动创造的新商品的再次出售而获得的，也就是说，货币购买行为是通过商品供给实现的。因此，由货币运动所产生的货币购买行为既体现的是投资型货币购买力，也体现的是供给型货币购买力。这种形式的货币运动最初出现在流通领域，当其在生产领域出现并大规模扩展时，特别是当劳动力也成为商品并被纳入这种货币运动中时，资本、资本家和资本主义生产方式由此而生。当货币被资本家用来购买劳动力并用于创造剩余价值时，这时的货币已经不再是媒介货币而是资本货币了，货币在这种形式的运动中表现出了资本的性质。**我们把这种用以购买商品的价值并用于价值增值的货币称为资本货币或“资本购买力”，由资本购买力产生的购买行为我们称为投资。**

这样，我们就把货币划分成了两部分，即作为资本购买力而存在的资本货币和作为最终购买力而存在的媒介货币。或者说，货币的购买行为，即社会购买力是由用以购买商品价值并用于价值增值的资本购买力和用以购买商品使用价值并用于商品最终消费的最终购买力共同组成的。

生活中，人们通常把消费分为生活性消费和生产性消费，在本书中，生产性消费不属于消费而属于投资，是资本购买力。由于为生产而产生的购买行为不是用于最终消费而是为了获取货币的价值增值，因此这种购买行为应归为投资行为。如果把为生产而产生的购买行为和为生活而产生的购买行为都称为消费，那么我们就无法区分资本货币和媒介货币，更无法说清资本和货币之间的关系。特别是第一次产业革命后，技术推动的产业资本形成、发展和繁荣，使资本开始影响人们生活的方方面面，成为推动人类历史向前发展的巨大动力。如果现实中我们还未能把作为资本的货币和作为媒介的货币区别开来，严格说还未能把资本购买力和最终购买力区别开来，那么很多过去的、现在的和即将出现的经济现象就无从解释。把资本和货币、资本购买力和最终购买力作以严格区分是本书论述和分析技术、资本和货币三者结合和转换的基础。

中国实行改革开放政策并实现向社会主义市场经济过渡后，资本在中国经济生活中普遍存在。与资本主义社会唯一不同的是，剩余价值的获得者是谁，是否存在剥削性。依据马克思关于资本的论述，在社会主义初级阶段市场经济体制下，资本是客观条件下的必然存在。特别是1993年十四届三中全会通过的《中共中央关于建立社会主义市场经济体制若干问题的决定》和党的十五大文件，明确了资本在社会主义市场经济体制下的存在，也明确提出了“公有资本”等概念。这在理论上开创性地发展了马克思关于资本的自然属性即资本是自行增值的价值，以及社会属性即资本归谁所有、剩余价值的来源和归宿的论述。在社会主义初级阶段，社会主义市场经济体制下的资本既有共同的自然属性，也有不同的社会属性，两者的根本区别在于资本主义社会形态下的资本和剩余价值之间是剥削关系，剩余价值是被资本家无偿占有的；在社会主义初级阶段，资本和剩余价值之间是平等的、共享的关系，剩余价值归国家或全体社会成员和劳动者共同享有。

因此，本书中关于资本的论述和结论及以后关于资本的论述和结论同样适用于社会主义初级阶段市场经济体制下的经济活动。

第二章

两种不同性质的商品价格变动

社会购买力，无论是最终购买力还是资本购买力，其购买行为的产生必须具备以下两个条件：一是社会购买力所有者具有购买能力。这里的购买能力是指购买力所有者在数量上具备购买某种商品的能力，无论这种数量上具备的购买力是通过何种途径获得的。二是社会购买力所有者具有购买欲望。有购买能力而无购买欲望不能促使购买行为的产生，同样，有购买欲望却无购买能力也不能促使购买行为的产生。

购买能力本质上就是社会购买力所有者的购买力在数量上的反映。购买欲望本质上就是社会购买力所有者对商品需求在心理上的反映。

下面我们将讨论两种不同性质的社会购买力在使其产生购买行为的条件发生改变时对商品价格变动产生的影响。

第一节　两种不同性质的商品价格变动

一、最终购买力

商品价格变动包括商品价格的上涨和下跌，商品价格变动的类型可分为由供求关系引起的价格变动和由人为因素引起的价格变动。由供求关系引起的商品价格变动是最基本、最普遍的商品价格变动，在由供求关系引起的商品价格变动基础上又会衍生出由比价调整、汇率、垄断、技术等因素引起的价格变动及由行业特殊性引起的价格变动（主要指房地产和医疗行业）。严格来说，这几种由供求关系引起的商品价格变动是更复杂、更高层级的价格变动。本章我们只探讨由供求关系引起的商品价格变动，因为它是我们后面各章节所要探讨的更复杂价格变动的基础。

作为最终购买力，由于它产生购买行为的目的是使商品的使用价值得到最终确认，即商品效用的最终消费，而它的购买对象是最终消费品，是用于最终消费的，因此商品运动在货币购买行为产生后即告停，商品运动是最终运动。

由于人们对最终消费品的购买欲望是持续性存在的，即人们在本性上具有占有商品的欲望，因此最终购买力在需求上的增减，不是通过购买欲望而是通过购买能力的增减表现出来的。当最终购买力相对于商品供给出现需求增多时，商品就会通过供求关系的变动表现为商品价格上涨，如果最终购买力在需求上持续增多，那么商品价格就会表现为持续性上涨。当最终购买力相对于商品供给出现需求减少时，商品就会通过供求关系的变动表现为商品价格下跌。可见，影响商品价格的不是最终购买力所有者的购买欲望，而是最终购买力所有者的购买能力。

二、资本购买力

作为资本购买力，由于它产生购买行为的目的是获取资本价值的增值，即商品价值的再增值，它的购买对象不是商品的使用价值，而是商品的价值，是能够给资本带来增值的商品、中间品和劳动力。资本价值增值的实现最终还是要通过商品或在商品基础上通过劳动所创造的新商品的再次出售而获得。因此，资本购买力产生的商品运动在购买行为产生后并未终止，它还要向下运动，直到资本购买该商品的目的全部得以实现。

与最终购买力产生的商品最终运动不同，由资本购买力产生的商品运动可分为两个阶段，前一阶段是资本为获取价值增值，购买商品（投资品）而引起的商品运动，后一阶段是资本为获取价值增值最终出售新商品（最终消费品）而引起的商品运动（注：由于资本价值增值的最终实现要通过新商品以最终商品即消费品的形式出售而获得，因此，为便于讨论，我们把那些经历更多中间商品的商品运动省略不计或浓缩于整个商品运动中，把新产出的商品统称为最终消费品）。

在前一阶段商品运动中，商品（投资品）是作为资本的购买对象而存在的；在后一阶段商品运动中，商品（最终消费品）是作为资本的出售对象而存在的。在前一阶段商品运动中，资本是以购买力，即需求的形式存在，资本在这一阶段表现为对商品的需求性运动。在后一阶段商品运动中，资本是以供给，即已具有价值增值的新商品形式存在，资本在这一阶段表现为商品的供给性运动。

一方面，当资本购买力相对于所购商品（投资品）出现需求上增多时，在前一阶段，资本会对所购商品（投资品）发生争夺，商品会通过供求关系的变动表现出价格上涨。在后一阶段，由于这时的商品已经转化为能给资本所有者带来价值增值的新商品（最终消费品），而资本购买力在前一阶段的增多必然会引起后一阶段最终消费品供给的增多，从而促使最终消费品之间的竞争加剧并引起价格下降。当资本购买力相对于所购商品（投资品）在需求上持续增多时，在商品运动前一个阶段，将促使商品（投资品）价格更快上涨，在商品运动后一个阶段，将促使商品（最终消费品）供给更快增长，并最终会促使商品价格趋于下降。

这时，如果资本所有者认为，随着资本所购商品（投资品）价格上涨和因最终消费品供给增加而引发最终消费品间竞争加剧，资本获取的价值增值将趋于减少，即资本收益降低，实现资本价值增值将越来越困难，那么，资本所有者对商品（投资品）的购买欲望也会降低。这时的资本所有者即使有购买能力也会因资本预期收益率的降低、购买欲望的下降而减少对商品（投资品）的购买。这样一来，商品运动将促使商品（投资品）价格在前一阶段趋于下降，商品（最终消费品）价格在后一阶段趋于上升。显然，这种形式的商品运动本身（运动过程）

具有对商品价格的自动调节功能。

另一方面，当资本购买力相对于所购商品（投资品）出现需求上不足时，在商品运动的前一阶段，商品（投资品）就会通过供求关系表现出商品价格的下降，而前一阶段的不足必然引起后一阶段商品（最终消费品）供给的减少，最终促使最终消费品价格趋于上升。当出现持续性不足时，在前一阶段将促使商品（投资品）价格更快地下跌，在后一阶段将促使商品（最终消费品）价格更快地上升。

这时，如果资本所有者认为随着资本所购商品（投资品）价格的下跌和最终消费品价格的上涨，资本获取价值的增值将趋于增加，资本价值增值就更容易实现，那么，资本所有者对商品（投资品）的购买欲望就会增强。这时，即使资本所有者不具备购买能力，那他或她也会通过各种途径筹集资本以达到具备投资的能力。所以说，商品运动本身同样具有对商品价格的自动调节功能。

也就是说，资本购买力相对于所购商品（投资品）在需求上的变动（增多或减少）会引发商品价格变动（上涨或下跌），在其中起主要作用的不是购买能力而是购买欲望，而购买欲望的大小由资本预期收益来决定。当资本购买力在需求上表现为持续性增多或不足时，从长期来看，商品价格并不表现为持续性上涨或下跌，商品价格的变动范围会受到资本预期收益率的限制；由资本购买力产生购买行为而引起的商品价格变动，在一个开放竞争的市场上是能够通过供求法则实现自动调节的，因为这种形式的商品运动本身（运动过程）就具有商品价格的自动调节功能。

通过对两种不同性质的社会购买力对商品价格产生影响的论述，我们可以得出如下结论：

最终购买力在需求上的变动决定于购买主体的购买能力，资本购买力在需求上的变动决定于购买主体的购买欲望。在同一经济体中，如果商品价格的变动主要是由最终购买力在需求上的变动而引起的，那么商品运动本身并不具有对商品价格的自动调节功能；如果商品价格的变动主要是由资本购买力在需求上的变动而引起的，那么商品运动本身就具有对商品价格的自动调节功能。

第二节　政府对两种不同性质的商品价格变动的调节

目前为止，我们对商品价格变动的论述还仅限于由供求关系引起的价格变动。而由供求关系引起的商品价格变动是最基本、最普遍的一种商品价格变动形式，也是衍生其他更复杂、更高层级的商品价格变动的基础，因此，本节所要论述的政府对商品价格变动的调节也是最基本、最普遍的调节政策。同样，这些政策也是我们在以后章节中论述政府对更复杂、更高层级的商品价格变动的调节的基础。

由资本购买力在需求上的变动而引起的商品价格变动是能够通过商品运动本身实现自动调节的，因此较长时间内，政府并不需要对该类商品价格进行政策性调节。而由最终购买力在需求上变动而引起的商品价格变动，由于其商品运动本身并不具有对商品价格的自动调节功能，因此政府对该类商品价格进行调节就显得非常必要了。事实上，在整个资本主义经济发展历程中，正是最终购买力产生的影响逐步超过了资本购买力的影响，才催生了政府对社会商品价格的调节。

货币政策和财政政策是政府调节经济活动的两种最基本、最主要的政策。货币政策对经济活动的调节主要是通过影响或调整利率和汇率变动实现的；财政政策对经济活动的调节主要是通过调整税收、政府公债、公共工程和社会福利政策实现的。

一、政府对由资本购买力在需求上的变动而引起的商品价格变动的调节

由资本购买力在需求上的变动而引起的商品价格变动，使商品运动本身具有自动调节商品价格趋于平衡的功能（调节有时并不表现为商品价格恢复原状，而是表现为多种商品价格之间的比价调整或多种商品价格的重新确立）。这意味着，长期内，政府没有调节商品价格的必要性；短期内，政府的调节也只能是辅助性的，且具有很强的时效性。在这种价格变动中，起决定性作用的不是购买能力而是购买欲望，即资本预期收益率。因此，政府调节只能通过影响或改变资本预期收益率来实现。

货币政策中的利率政策和财政政策中的税收政策是对资本预期收益率的大小起决定性作用的两种政策。通过降低或提高资本收益税率，税收政策能够对资本预期收益率产生直接的影响。但税收政策是一种长期性政策，具有固定性，适用于对商品价格的长期性和持久性进行调整。因此，对于由资本购买力引起的商品价格变动，它不是能够经常施行的政策。利率政策是一种短期性政策，具有灵活性和多变性，对资本预期收益率能产生直接、最具时效性的影响。具体来说，提高利率可造成资本收益率降低，进而抑制资本购买力的增长；降低利率可造成资本预期收益率提高，进而促使资本购买力的增长。因此，当资本购买力引起商品价格上涨时，可以通过提高利率来抑制资本投资需求的增长；相反可

通过降低利率来刺激资本投资需求的增长。因此，调节由资本购买力引起的商品价格变动，利率政策是一种直接且最具效力的政策。

上述结论也只是一般性结论，当技术在由资本购买力产生购买行为而引起的商品运动中起决定性作用时，即技术因素超过利率变动对资本预期收益率产生影响时，货币政策也就失去了效力。有时，虽然利率高到惊人却不足以抑制资本购买力在需求上的增长；有时，利率为零却也不足以刺激资本购买力在需求上的增长。当利率为零也不足以刺激资本投资增长的这一现象，在凯恩斯经济学中被称为“流动性陷阱”。为什么会出现上述两种反常现象呢？本书给出的解释与凯恩斯经济学的解释是不同的。

二、政府对由最终购买力在需求上的变动而引起的商品价格变动的调节

1. 最终购买力的来源和形成

由最终购买力在需求上的变动而引起的商品价格变动，商品运动本身并不具有对商品价格自动调节的功能。政府对此类商品价格变动的调节非常必要。事实上，所谓政府调节主要针对的是由最终购买力引起的商品价格变动。

在这个过程中，起决定性作用的不是购买欲望而是购买能力，因此，政府调节应通过影响或改变最终购买能力来实现。

最终购买能力实质上就是最终购买力在数量上的体现，它的增长来源于资本购买力的增长。资本在土地、固定资本等原有生产要素的基础上，通过雇佣劳动、购买生产资料来组织生产以实现资本的价值增值。但无论是生产资料、土地还是固定资本，它们都不会创造出新增价值，即剩余价值，只有劳动者能通过劳动在这些生产要素的基础上附加人类

劳动才能创造出新增价值。资本通过雇佣劳动在创造资本价值增值的同时，也以收入分配的形式创造最终购买力，而且这种新增价值不仅是资本价值增值的来源，也是一切社会收入分配形式的最初价值来源。也就是说，无论通过何种分配形式取得的最终购买力，它终究只有一个来源，即资本通过雇佣劳动创造的价值增值（注：通过自给自足的生产方式而取得的收入不在此列。在现今社会中，由于劳动力普遍成为商品，通过自给自足取得的收入只占经济体总收入的微小部分，不会对经济体产生任何实质性的影响。因此，为了便于理解，我们在论述时可以将它忽略不计）。这样我们就可以说，资本通过雇佣劳动所创造的价值增值是一切通过收入分配形式而取得最终购买力的唯一来源。

既然资本是最终购买力增长的唯一来源，那么要调节最终购买力，从根本上就应首先调节资本购买力的变动。我们在上一小节已经论述过，货币政策对资本购买力变动的调节是最直接、有效的。既然货币政策对资本购买力变动的调节具有直接性和有效性，而资本购买力的增长又是最终购买力增长的唯一来源，那么货币政策对资本购买力变动的调节会不会对最终购买力的变动有同等效应呢？事实并非如此，因为从资本通过雇佣劳动创造新增价值的完成，到最终购买能力的形成，还要经历社会收入分配阶段、居民累积购买力阶段或居民购买力结构升级阶段。

在社会收入分配阶段，如果当时的收入分配制度更倾向于资本的形成，那么，新增价值的大部分就会被资本所占有，从而形成资本购买力，而形成最终购买力的则是剩余的一小部分；如果当时的社会收入分配制度更倾向于最终购买力的形成，那么，新增价值的大部分就会以收入的形式被分配，从而形成最终购买力，而剩余的一小部分则会被资本所占有，从而形成资本购买力。显然，在这一阶段，货币政策的调节效果受到当时社会收入分配制度的制约。

新增价值在社会各阶层收入分配完成后，通常只有很小部分直接形成了最终购买力，而更多的收入所得还要经历居民累积购买力或居民购买力结构升级才能形成最终购买力。

居民累积购买力是指为了将来具有购买某些商品或服务的能力，或以备将来生活变故之需，人们将可支配收入中除去正常开支后剩余的部分，全部或部分用于积累的行为。居民购买力结构升级是指为了将来具有提高或改变生活水平和质量的能力，人们将可支配收入中除去正常开支后剩余部分，全部或部分用于积累的行为。

经济发展水平高的国家，居民可支配收入中用于积累的部分要小于经济发展水平低的国家；社会福利高的国家，居民可支配收入中用于积累的部分要小于社会福利低的国家。

人们购买某些商品和服务或实现消费层级的提高所必备的购买能力不是一时或一次能达到的，而是要经过长期积累，因此，无论是居民累积购买力还是居民购买力结构升级，都是一个社会由低层级发展阶段向高层级发展阶段、由低层级消费阶段向高层级消费阶段过渡必须具备的经济特征。通常情况下，社会最终购买能力的形成是居民累积购买力和居民购买力结构升级的直接结果，而不是居民收入分配增长的直接结果。显然，在这一阶段，货币政策对最终购买力变动的调节效果要受到国家发展及社会福利制度的制约。

2. 政府对最终购买力在需求上的增多而引起的商品价格上涨的调节

如果政府调节的是由最终购买力在需求上增多而引起的商品价格上涨，那么通过提高利率来抑制资本购买力增长是能够起到抑制最终购买力增长作用的，但它无法抑制已经累积形成的最终购买能力。也就是说，提高利率只会对当期的最终购买力增长或正在积累中的居民累积购买力和居民购买力结构升级产生抑制作用，却不能对已经或即将完成积累的居民购买力和居民购买力结构升级产生抑制作用。而事实上，正是已经完成积累的居民累积购买力和居民购买力结构升级所形成的最终购买能力才是引起商品价格上涨的原因。因此，从短期来看，提高利率对商品价格上涨的抑制作用是有限的；从长期来看，提高利率虽能够抑制居民购买力的积累和居民购买力结构升级，起到抑制商品价格上涨的作用，但当这一结果出现时，当初的目的往往已经不复存在。而且随着结构升级完成，正在积累中的居民累积购买力和居民购买力结构升级会因高利率政策而使积累过程变得缓慢，这时就有可能造成消费结构断层，即对下层级的消费阶层来说，他们仍不具有购买较高消费阶层淘汰的商品或服务的能力，从而相关行业尚未在社会各阶层普及就面临被紧缩或淘汰的经济现象。

如果当时的社会收入分配制度更倾向于最终购买力的形成，或技术因素对资本预期收益率增长的带动作用超过了提高利率对资本预期收益率的抑制作用，那么无论短期还是长期，提高利率对最终购买力增长的抑制作用都是有限的。

人类社会的发展过程首先表现为最终购买力的不断增长，社会最终购买力的不断增长是人类社会不断向前发展的最基本、最主要的标志，人类社会生产的目的从本质上说，就是不断满足社会最终购买力的需求，任何对社会最终购买力增长进行限制的方式，实质上都是对社会进步的阻碍。因此，从这一方面讲，政府在调节由最终购买力在需求上增多而引起的商品价格上涨时，应首先从增加商品供给着手。

商品供给是资本产生购买行为而引起的商品运动的结果，资本产生购买行为而引起的商品运动的最后阶段实质上也是商品的供给阶段，目的是获取资本价值的增值。资本价值增值是通过资本提供商品供给的形式实现的。资本购买行为的产生是实现商品供给的先决条件，而资本的预期收益率又是资本购买行为产生的决定性因素。因此，要增加商品供给就必须首先提高资本的预期收益率。提高资本的预期收益率主要有两种途径：一种是降低利率、增加商品供给；一种是降低资本收益税率。

通过降低利率、增加商品供给以抑制由最终购买力在需求上的增多而引起的商品价格上涨是一种高风险政策，它可能会造成两种社会购买力，即资本购买力和最终购买力在需求上同时增多，进而引发社会商品价格普遍性上涨。这一政策只有在经济体出现短缺经济特征，即资源丰富、生产能力却不足时，才能见效。这一短缺型经济特征只在某些经济体的某一特定时期才会出现，因此，它不是一种能经常施行的政策。

通过降低资本收益税率可直接提高资本的预期收益率，从而刺激资本购买力的增长并带动商品供给的增加。降低资本收益税率不像降低利率那样能产生广泛的影响，更不会带来汇率风险。因此，它能比降低利率更直接、更有效地刺激商品供给的增加。

虽然降低资本收益税率的政策是一种一次性政策，且具有很强的固定性和长期性，但在商品价格上涨成为一种常态而又不能通过货币政策来抑制时，政府通过降低资本收益税率来增加商品供给，以抑制商品价格上涨也就成为必然选择和最好的政策（如 20 世纪 70 年代，面临经济转型的西方发达经济体出现了滞胀现象。对于当时的政府来说，抑制缓解商品价格上涨除了降低资本收益税率外，几乎没有别的更好的政策了。这也是当时以降税为主要特征的供给经济学产生的原因）。

3. 政府对最终购买力在需求上的减少而引起的商品价格下跌的调节

如果政府调节由最终购买力引起的商品价格下跌，采取一种反向政策是不是就可以了？事实上，资本组织生产的目的即资本家逐利性的本性与社会组织生产的目的，即满足社会对商品的不同需求，这决定了经济政策不仅表现上不对称，目的性有时也是不对称的。当商品价格因最终购买力在需求上增多而上涨时，社会组织生产的目的决定了政府必须把抑制商品价格上涨作为调节的目的。政府在调节商品价格上涨时也只能以增加商品供给为主而不是以抑制最终购买力的增长为主。当商品价格因最终购买力在需求上不足而下跌时，同样是社会组织生产的目的决定了政府的调节目的，那就是不应维持或提高商品的价格，而是促进最终购买力在需求上的增长。因此，当商品价格因最终购买力在需求上增多而上涨时，政府能够通过降低资本收益税率、增加商品供给来抑制商品价格的上涨，而当商品价格因最终购买力在需求上不足而下跌时，政府就不能通过反向操作来维持或提高商品的价格，而只能通过增加最终购买力来刺激需求上的增长。

在货币政策中，通过降低利率刺激资本购买力的增长能起到促进最终购买力增长的作用，但通过资本雇佣劳动所创造的新增价值有多少能形成最终购买力是受社会分配政策影响的。即使形成了最终社会购买力部分，但从实现最终购买力增加到形成最终购买能力，通常还要经历居民累积购买力和居民购买力结构升级阶段，新增加的最终购买力更多要被正处于积累中的居民累积购买力和居民购买力结构升级所占有，而直接形成购买能力的只是一小部分。因此短期内，通过降低利率来达到刺激最终购买力在需求上的增长的作用是有限的；长期内，随着积累中的居民累积购买力和居民购买力结构升级逐步完成，降低利率对刺激最终购买力在需求上的增长作用才会逐步显现。如果当时的社会收入分配制度更倾向于资本购买力的形成，或技术因素对资本预期收益率的抑制作用超过了降低利率对资本预期收益率提高的促进作用，那么长期内，通过降低利率来刺激最终购买力在需求上的增长作用也就变得有限了（如第二次世界大战之前，资本主义国家每次大的经济危机的发生都与当时社会收入分配制度和技术因素对资本预期收益率的影响超越了利率因素对资本预期收益率的影响有关）。这时，要增加最终购买力就不能依靠货币政策而只能依靠财政政策了。

政府通过非投资性财政支出可以直接形成社会最终购买力，而政府投资性财政支出也是以促进就业和最终购买力增长为目的。总之，政府财政支出在促进社会最终购买力增长上既不会受到社会收入分配政策的影响，也不会受到资本收益率的影响。特别是赤字财政的出现，它使政府具有了以大规模财政支出来弥补社会最终购买力不足的渠道和手段，并使财政赤字在经济衰退时期成为一种经常性现象。因此，财政政策对由最终购买力在需求上的不足而引起的商品价格下跌的调节是直接的、有效的。事实上，社会最终购买力对经济增长的作用逐步超越了资本购买力对经济增长的作用，才是催生赤字财政的原因。

通过本章政府对商品价格调节的论述，我们可以得出如下结论：

货币政策是一种倾向于资本购买力形成的政策，它对由资本购买力引起的商品价格变动的调节是直接的、有效的；它对由最终购买力引起的商品价格变动的调节是间接的，其效果在短期内主要受居民累积购买力和居民购买力结构升级的限制，长期内主要受到社会收入分配制度和资本预期收益率的限制。

财政政策是一种倾向于最终购买力形成的政策，它对由资本购买力引起的商品价格变动的调节，除了并不常用的资本收益税率外，几乎没有更有效的政策。而它对由最终购买力引起的商品价格变动的调节却是直接的、有效的，特别是由政府主导的公共工程和社会福利政策，其效果除短期内受到居民累积购买力和居民购买力结构升级影响外，既不会受到收入分配政策的影响，也不会受到资本预期收益率的影响。

上述结论只是基础性结论，并没有考虑到技术因素和外部因素对经济体的影响。虽然外部因素并不影响上述结论的成立，但其大小却能左右政府的调控效果。事实上，随着世界经济的逐步融合，外部因素对经济体的影响已越发重要，甚至有时会超过内部因素对经济体的影响。特别是20世纪80年代中期以后，随着西方发达国家的社会生产力在全球范围内调整的基本结束，其也完成了由供给型经济增长模式向消费型经济增长模式的转变，西方发达国家迈向了经济全球化时代。作为西方发达国家社会生产力在全球范围内转移和消费型经济增长模式基础的本国信用货币或者说管理本位货币——纯纸币的世界货币化，也随着经济全球化的发展而逐步扩展并强化其世界货币职能，西方发达国家的财政和货币政策具备了在全球范围内调控资本和商品流动并使这种流动更倾向于为本国经济竞争意识服务的能力。

而同一时期，本国货币不具有世界货币性质的广大发展中国家，却因经济全球化造成外部影响力扩大而逐步失去了政府对本国经济活动的有效调控。随着经济全球化向纵深发展，这种两极分化的态势也将逐步扩大，西方发达国家对经济活动进行调控的基础、条件、渠道、范围及效果都将更趋于扩大和优化，而那些本国信用货币并不具有世界货币性质的发展中国家将逐步丧失调控本国经济活动的基础、条件和渠道。这是历史发展的必然趋势，对那些即将失去对本国经济调控权的国家来说，也是一种无奈的选择。有关外部因素和技术对一国经济政策的影响更详尽的论述在后面章节，这里暂不详述。

第三章

两种不同性质的社会购买力之间的关系

在资本占据统治地位之前，世界经济是以第一产业即农、林、渔、牧业为主，手工业处于简单生产状态。手工业之间既无协作生产更没有形成生产体系。当时，无论是手工业还是服务业，其实现价值增值的社会最终购买力几乎都来源于农业所创造的价值增值部分。在资本占据统治地位之前，手工业及第三产业价值增值的实现基本都是靠农业生产的剩余，都属于农业生产剩余再分配部分或者说是农业价值再分配的一部分。显然，手工业和第三产业的增长和发展受到农业的增长和发展制约，或者说，整个社会经济的增长和发展被限制于农业增长和发展的范围内。

随着资产阶级革命的胜利和西方技术革命的发生，实现了各产业在"面"上的扩展和"点"上的纵深扩张，各产业之间的协调性具有了体系化特征，西方的工业生产逐步摆脱了农业生产发展的制约。由技术革命所开创的新行业及行业之间的相互协作、体系化生产和资产阶级革命成功所推动的资本在向各领域侵蚀，特别是劳动力成为商品后，社会财富的主要增长也由农业领域转移到工业领域，资本在整个西方经济生活中占据了统治地位，资本购买力与最终购买力之间的关系开始影响甚至决定人类社会的生产和发展进程。下面我们就对资本购买力与最终购买力之间的关系加以论述。

第一节　资本购买力与最终购买力之间的关系

一、循环影响的关系

资本购买力产生购买行为的目的是获取资本的价值增值。资本的价值增值来源于资本对劳动的雇佣。资本通过雇佣劳动，在原有商品的基础上生产出超过原有商品价值的新商品，新商品所包含的价值就是原有商品的价值和新增价值的统一体。资本所要获取的价值增值部分也就是马克思经济学中的剩余价值，就包含在新商品中。资本价值增值的最终实现是通过新商品使用价值的最终出售而获得的。这样，以购买商品的使用价值并用于最终消费为目的的最终购买力对实现资本价值增值起到了决定性作用。由最终购买力产生购买行为而引起的商品运动的起点实质是由资本购买力产生购买行为而引起的商品运动的终点，正是由最终购买力引起的商品运动使资本的价值增值得以实现并终结了由资本购买力引起的商品运动。如果没有最终购买力以消费的形式购买商品使用价值，资本的价值增值就无法实现，即最终购买力的变动（增长或减少）最终通过消费的形式决定资本购买力的变动（增长或减少）。

反过来，资本通过雇佣劳动所创造的新增价值，不仅是资本价值增值的来源，还是一切通过收入分配形式而取得的最终购买力的价值来源。也就是说，资本通过雇佣劳动在创造价值增值的同时，也以收入分配的形式创造着最终购买力，没有资本购买力的增长就不会有最终购买力的增长，即资本购买力的变动（增长或减少）最终要以收入分配的形式来决定最终购买力的变动（增长或减少）。

通过上述论述，可以得出如下结论：最终购买力的存在形态和变动趋势最终以消费的形式决定着资本购买力的存在形态和变动趋势；反过来，资本购买力的存在形态和变动趋势最终以收入分配的形式决定着最终购买力的存在形态和变动趋势。两种不同性质的社会购买力之间是一种不能产生直接影响却能够产生间接的、最终的、循环影响的关系，即两种不同性质的社会购买力之间是一种相互循环影响的关系，也是一种相互循环影响的运动（如图 1 所示）。

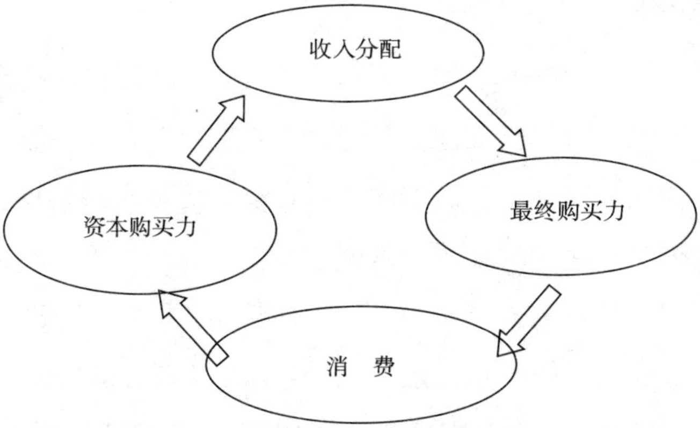

图 1 两种购买力之间的循环运动

在上述循环运动中，资本购买力通过收入分配推动着最终购买力的增长，而最终购买力又通过消费需求推动着资本购买力的增长。两者之间是一种相互循环推动的关系。在这一循环运动中，必然存在着一种起决定性因素的推动力，或者说是推动这一循环运动持续上升的中心力量。

这个起决定性因素的推动力是什么呢？至此，本书所要考察的三大对象之一——技术，就进入了我们的视野，并将成为本书以后各章节中论述和解析所有重大经济现象和经济问题的基础和条件。

二、技术供给能创造出自己的消费需求

技术，包括技术发明和技术创新及其产生的新产品、新行业、新工艺、新质量或新的生产方式。当一种新的技术发明或技术创新出现时，采用这种技术发明或技术创新所生产或供给的商品，总是以技术性新商品或技术性新款式的形式出现。这类商品或在技术上具有先进性，或在生活中具有便利性和实用性，或拥有精神上的荣耀性，必然会吸引、刺激或诱导那些具有购买力的购买者对这类商品产生购买欲望并最终产生购买行为。

人类社会生产发展的目的是不断满足人类自身对物质财富和精神财富的需求。自然人或具有理性思维的个体，是组成人类整体的个体，是人类对物质和精神财富产生需求的主体。每个自然人都具有实现或拥有幸福生活和福利最大化的欲望，这种欲望是人类的本性。但这种欲望的实现除了自然人具有购买能力（购买欲望和购买能力是购买行为产生的两个条件，在前面已作过论述），客观上还需要有能满足自然人对物质和精神需求欲望的商品。技术是人类创造物质财富和精神财富最具活力的手段和能力，作为技术发明和技术创新载体的商品，它们总是以技术性新商品、新款式的形式出现，具有对自然人物质福利和精神福利最

大化的特征。如汽车、电灯和电视的发明，它们的上述特征，都能满足人类对拥有幸福和福利最大化的本性欲望。事实上，这些商品也正是适应了人类的这种本性欲望，才被人类发明和创造出来。因此，这种技术性新商品一旦出现供给，必然会在人类本性欲望的驱使下，吸引、刺激或诱导具有购买能力的购买者主动或最终产生购买行为。如果没有技术发明和技术创新，资本购买力也就无法供给出技术性新商品，这时，人们即使有更多的社会最终购买力也无法满足人们拥有这些商品的欲望。也就是说，在这类商品交易中，交易的完成是由商品的供给决定的，最终购买力对商品的购买是处于主动地位的，购买行为的产生也是由商品供给决定的。

如果技术性新商品是用于再生产的中间商品，比如纺织工业用的纺织机器，如果采用更先进的技术机器能使生产出的布料更结实、更美观且更节省成本，那么这种机器生产出的布料在市场上就更具竞争力。当这种先进的机器出现供给时，必然会在资本逐利的本性驱使下刺激吸引资本所有者或布料生产商对其产生购买欲望并最终产生购买行为。在这类商品交易中，交易的完成是由商品供给决定的，资本购买力对商品的购买同样处于主动地位，购买行为的产生同样由商品供给决定。

总之，社会购买力，包括资本购买力和最终购买力，技术性新商品需求的产生都是由技术性新商品的供给决定的，技术性新商品的供给是社会购买力对其产生需求的唯一条件和决定性因素。或者说，技术性新商品供给会创造自己的需求。

资本的本性是逐利，资本对其本性的追求是无限的。资本产生购买行为就是为了获取资本的价值增值，但由于资本价值增值的实现要通过供给商品被最终消费而获得，因此对资本所有者来说，投资技术性商品，是资本获取价值增值的最快、最有效的途径。这时，技术也就成了推动资本投资增长的推动力。这也是因为由技术推动的资本投资所供给的商品本身具有创造自身消费需求的能力。

当然，非技术性商品，或随着技术普及不再具有先进性的技术性商品，将不具有“供给会创造自己的需求”的属性。事实上，任何一种技术性新商品从产生到普及，通常都要经历“供给会创造自己的需求”和“需求会创造自己的供给”（凯恩斯定律）两个阶段。在技术性新商品供给的初期阶段，供给能够创造自己的需求，但随着技术普及，新商品逐步失去技术先进性，由供给所创造的需求也会减少或直到消亡。当技术性新商品的供给不再具有创造自己需求的能力时，它将逐步转化为普通性商品并进入普及性阶段。这时，商品供给的持续增长就要由需求来推动了，即商品进入由需求决定供给的阶段。在这一阶段中，“需求会创造自己的供给”（凯恩斯定律）。

单从字面看，我们这里所说的“供给会创造自己的需求”与萨伊定律别无二致，但事实上两者是完全不同的。

萨伊定律是建立在把商品交换简单地看作物物交换的基础上，它只承认货币在商品交换中的媒介性质，否认货币所具有的其他功能，更不会把资本在商品交换中的功能考虑进去，从而得出一种商品的供给实质上也是另外一种商品需求产生的手段和能力，即“供给会创造自己的需求”。如果依据我们对资本购买力和最终购买力的定义，萨伊定律中的需求其实就是资本购买力，比如要生产一辆汽车，必然要对汽车所需零部件产生购买行为，这是资本为商品供给而进行的商品购买行为。但在萨伊定律中，供给本身创造的需求是与供给同时或在供给前出现的，它的多少只受供给多少的影响而不受当时社会总体购买力的影响。我们这里所说的“供给会创造自己的需求”仅限于技术性商品的供给。而非技术性商品的供给受制于需求，不具备这种能力。只有在主要由技术推动的经济增长模式下，我们这里所说的“供给会创造自己的需求”才会成为一种普遍的经济现象。而在主要由消费推动的经济增长模式下，更普遍的经济现象则是“需求会创造自己的供给”，即凯恩斯定律。社会购买力在供给之前就存在于社会总购买力之中，只是供给的出现才吸引、刺激或诱导社会购买力对其产生了需求，或者说需求是在供给出现之后才出现的。但供给本身创造的需求大小仍受制于当时的社会总体购买能力：社会总体购买力大，供给创造的需求就多；社会总体购买力小，供给创造的需求就少。

有意思的是，如果我们把萨伊定律放在主要由技术推动的经济增长模式下，同样也是一种普遍性的经济现象。如果考虑到当时所处的第一次工业革命时期的时代背景，萨伊定律的产生显然是有着那个时代的社会基础，并在当时使人们产生一种正确性的错觉。而在以消费为主要推动力的经济增长模式下，或者说当消费在经济增长中占据主导地位时，萨伊定律使人们产生的正确性的错觉就消失了。

在凯恩斯定律中，需求都是指社会总需求，既包括消费需求，也包括投资需求。在本书中，我们把投资需求定义为资本购买力，把消费需求定义为最终购买力，两者是性质截然不同的两种社会购买力。因此，两者不会作为社会总需求而成为论述的对象。在“供给会创造自己的需求”中，需求包括最终购买力需求和资本购买力需求；在“需求会创造自己的供给”中，需求也包括最终购买力需求和资本购买力需求。上述两种资本购买力需求都处于整个商品价值链的中间，而商品价值的最终实现还是由最终购买力需求来决定。同时为了论述方便，在本书中，我们把整个商品价值链简化为“资本购买力（供给）—最终购买力”和“最终购买力—资本购买力（供给）”，省略了中间的资本购买力。因此，本书中论述的“供给会创造自己的需求”和“需求会创造自己的供给”中的“需求”，都是指消费需求，或者可直接表述为“供给会创造自己的消费需求”和“消费需求会创造自己的供给”。

在商品的“供给会创造自己的消费需求”阶段，资本投资该类商品的生产是由技术推动的，即资本投资的增长是由技术推动的。在“消费需求会创造自己的供给”阶段，资本投资该类商品的生产是由消费推动的，即资本投资的增长是由消费推动的。

三、循环关系中的决定性力量和制约性力量

在整个循环运动中，推动资本投资增长的动力源于两个方面：一是由消费推动的，二是由循环运动的外部因素技术推动的。当商品供给处于“需求会创造自己的供给”，即供给是由需求决定的阶段时，资本购买力的增长是由消费推动的，资本购买力与最终购买力之间是相互循环推动的关系。当商品供给处于“供给会创造自己的需求”，即需求是由供给决定的阶段时，资本购买力的增长是由技术推动的，资本购买力与最终购买力之间不仅是相互循环推动的关系，还加入了技术因素，使资本购买力成了推动其自身增长的动力，即资本购买力能够通过商品供给创造出自身所需的最终购买力。因此，在整个循环运动中，资本购买力是推动整个循环运动的决定性力量。

最终购买力是为持续满足人们对最终商品的需求而存在的；资本购买力则是为持续提供最终商品以满足最终购买力对商品的需求而存在的。所以，资本购买力供给什么样的商品，供给多少，都应与最终购买力相适应。即使是能够创造自身消费需求的技术性商品，它的供给也是因适应了这种需求，才吸引、刺激或诱导最终购买力对其产生了购买行为。如果资本购买力提供的商品供给不属于或超出了最终购买力的需求，那么这部分的资本价值增值就无法实现。总之，无论最终购买力还

是资本购买力，其购买目的的实现都是要求资本购买力的存在形态与最终购买力的存在形态相适应。只有两者相适应，购买行为的目的才能够同时实现，也只有如此，最终购买力和资本购买力也才能同时实现增长。因此，在整个循环运动中，最终购买力的存在形态是影响整个循环运动的制约性力量。

如果资本购买力的存在形态和变动趋势与最终购买力的存在形态和变动趋势相适应，那么，这一循环运动就是社会购买力循环累积上升的运动，即社会是趋向于良性发展的；如果两者的存在形态和变动趋势不相适应，那么，这一循环运动就是社会购买力循环累积下降的运动，即社会是趋向于非良性发展的。

两种不同性质的社会购买力之间不能产生直接影响却能通过收入分配和消费支出产生间接的、最终的、相互影响的关系，这就决定了两种社会购买力之间的存在形态和变动趋势并非总处于相适应的状态，而是经常性地处于矛盾之中。这类矛盾有两种不同的表现形式：

一是当社会收入分配制度无法体现出社会公平性和公正性，或者说社会收入分配制度更倾向于资本购买力形成时，比如在自由资本主义时期，由资本通过雇佣劳动所创造的价值增值的大部分就会被资本所占有，而且无须再经过整个循环运动就直接形成了资本购买力，而能够进入下一环节并形成最终购买力的只是其中一小部分。从长期来看，这种情况积累到一定程度时，矛盾就表现为最终购买力的存在形态和变动趋势不能适应资本购买力，当矛盾激化时，矛盾总是以经济危机或衰退的形式表现出来，并通过危机或衰退的形式强制要求两者相适应。

二是当居民购买力累积和居民购买力结构升级出现剧烈波动或社会进入到消费高层级化时，无论是从资源能力还是供给能力上看，资本购买力的变动都很难适应由社会最终购买力的剧烈波动或由消费高层级化所带来的消费需求的多样性和易变性。从长期来看，当这种不适应性积累到一定程度时，矛盾就表现为资本购买力的存在形态和变动趋势不能适应最终购买力。当矛盾激化时，就会以通货膨胀的形式表现出来，并通过通货膨胀强制要求两者相适应。

最终购买力的存在形态是影响整个循环运动的制约性因素，因此，无论因何而起，矛盾两种不同表现形式的修正和演化过程都是以最终购买力的存在形态为中心展开的，都要求资本购买力的存在形态与最终购买力的存在形态相适应。这种适应是整个循环运动的基本运行规则，也是整个循环运动本身具有的特征。

总之，两种不同性质的社会购买力之间是一种不能够相互产生直接影响，却能够相互产生间接的、最终的、循环影响的运动关系；资本购买力在这一运动中起着决定性作用，最终购买力则居于中心，起到制约性作用；资本购买力的存在形态和变动趋势与最终购买力的存在形态和变动趋势相适应，循环运动就是生产力循环累积上升运动，反之则是生产力循环累积下降运动。

第二节　生产力结构与消费结构之间的关系

一、循环影响的关系

资本通过购买生产资料、雇佣劳动，在固定资本等生产要素的基础上组织生产，提供商品供给。资本购买力生产或供给多少商品、哪些商品及什么样的商品，实质上就是一国社会生产力在生产能力、生产力结构及生产力发展趋势上的具体体现。无论是生产资料、劳动力还是固定资本等其他生产要素，既不能反映出一国生产能力的大小，也不能反映出生产力结构和生产力的发展趋势，只有处于动态中的资本购买力的存在形态才能反映出来。

因此，资本购买力在数量和结构上的存在形态，实质上也是一国生产力在生产能力和生产力结构上的存在形态，显然，这时的资本已不再仅表现为资本的性质，还代表了一种社会生产力。

最终购买力在数量和结构上的存在形态构成一国的最终购买力结

构，即消费结构。

生产力结构与消费结构之间的关系就是资本购买力与最终购买力之间的关系在数量和结构上的反映。同样，它们之间也是一种不能产生直接影响却能产生间接的、最终的、循环影响的关系。即消费结构的存在形态和变动趋势通过消费的形式对生产力结构的存在形态和变动趋势产生最终影响，反过来，则通过收入分配的形式产生着最终影响。在这一循环运动过程中，社会生产力是推动整个循环运动的决定性力量；消费结构的存在形态是影响整个循环运动的制约性力量。如果两者的发展趋势相适应，那么这一循环运动就是生产力循环累积上升的运动；反之则是生产力循环累积下降的运动。

生产力结构与消费结构之间的矛盾同样也表现为不同形式的两种矛盾，即由消费结构不能与生产力结构相适应而产生的矛盾（如图 2 所示）和生产力结构不能与消费结构相适应而产生的矛盾（如图 3 所示）。

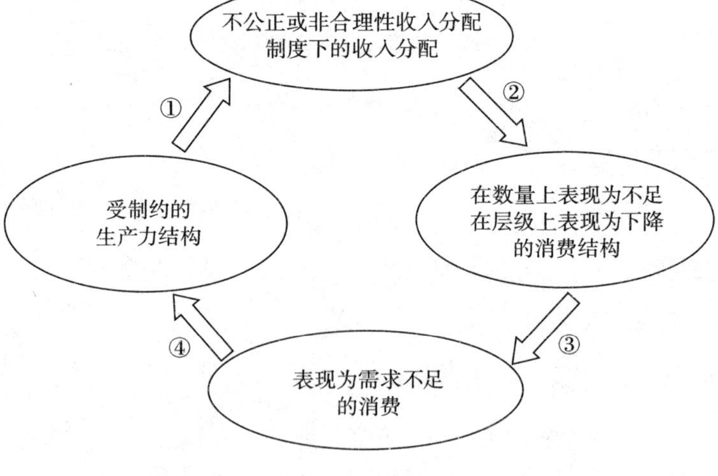

图 2　消费结构不能与生产力结构相适应而产生的矛盾

在图 2 中：

①表示在总体上表现为不公正或非合理性的社会收入分配制度。

②表示在不公正或非合理性的收入分配制度下所获得的收入分配阻碍了社会最终购买力的形成，使消费结构在数量上表现为不足，在层级上表现为下降。

③表示用于消费的最终购买力数量上的不足和层级上的下降必然会造成消费需求的不足。

④表示相对于生产力结构，消费需求的不足会使消费结构与生产力结构产生矛盾。矛盾表现为消费结构的存在形态不能适应生产力结构的存在形态，即消费结构的存在形态严重制约了生产力的发展。

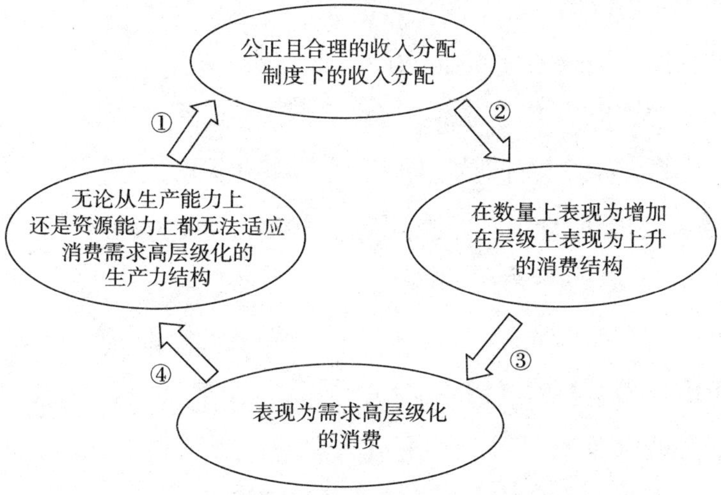

图 3　生产力结构不能与消费结构相适应而产生的矛盾

在图 3 中：

①表示在总体上表现为公正且合理的社会收入分配制度。

②表示在公平合理的收入分配制度下所获得的收入分配促进了社会最终购买力的增长，使消费结构在数量上表现为增加，在层级上表现为

上升。

③表示用于消费的最终购买力在数量上的增加和在层级上的上升会使消费出现多样性、易变性及高层级化的需求特征。

④表示消费需求的多样性、易变性及高层级化特征，使社会生产力无论是从生产能力上还是资源能力上都不能满足消费需求的实现。这时生产力结构与消费结构就产生矛盾了，表现为生产力结构的存在形态和变动趋势不能适应消费结构的存在形态和变动趋势，即生产力结构的存在形态严重限制了消费的实现。

二、矛盾的运动过程

从图 2 中可以看出，当收入分配制度无法体现出社会的公正性和合理性时，会出现消费结构不能与生产力结构相适应的矛盾。主要表现为生产力会要求消费需求与其同步增长，但消费却因社会收入分配制度的不合理而出现需求上的不足。当这种矛盾累积到一定极限时，循环运动本身就会通过危机或衰退等极端方式强制生产力结构与消费结构相适应。

在第二次世界大战之前，这种矛盾及矛盾的修正过程是西方资本主义经济生活中最主要的经济现象和特征。这种修正过程对社会生产力造成大破坏，最终促使战后资本主义国家对社会收入分配制度进行大变革，从而也人为干预了整个循环运动的矛盾产生和修正。

从图 3 中可以看出，最终购买力增长和消费层级的上升及消费高层级化，会促使消费需求出现多样性、易变性，这就在生产力结构与消费结构之间的循环运动中产生生产力结构与消费结构不相适应的矛盾。主要表现为这种多样性和易变性消费需求要求生产力结构与之相适应，可生产力无论是在生产能力上还是在资源能力方面，都无法适应这种需求。当这种矛盾积累到极限时，循环运动就会通过通货膨胀等一些极端方式强制要求生产力结构与消费结构相适应。

20 世纪 80 年代，这种矛盾在西方资本主义国家消费结构向高层级化转型的时期表现最为突出。当时，由此衍生出的劳动力结构与生产力结构的矛盾（关于这一矛盾后面章节有详述）和经济衰退共同催生了资本主义经济生活中的一种新现象——滞胀，并由此促成了资本主义社会生产力在全球范围内的转移和调整。

由于消费结构的存在形态是影响整个循环运动的制约性力量，因此，无论是两者谁产生的矛盾，都能通过循环运动进行修正，也就是循环运动能强制要求生产力结构不断与消费结构相适应。所以，无论是经济危机还是通货膨胀，本质上都是这一特征的具体体现。

事实上，生产力结构与消费结构之间的两种矛盾始终都伴随着资本主义社会的整个发展过程，这个过程本质上就是上述两种矛盾不断产生、修正和演化的过程。

如果将图中的生产力结构看作生产力，将收入分配、消费结构及消费需求看作生产关系，那么，马克思主义经济学中，生产力与生产关系之间的关系就更直观了。生产力决定生产关系；生产关系反作用于（制约）生产力。生产力的决定性作用表现为，生产关系和生产力的发展、演变过程都是由生产力所推动的，都是生产力发展的结果。生产关系对生产力的制约作用表现为，生产力的发展是在生产关系之内的发展，超越或落后于生产关系，生产力的增长都将无法实现。因此发生的两种矛盾的修正和演化过程都表现为生产力对生产关系的适应过程。

第四章

经济增长的两种推动力

第一节　供给创造消费需求与消费需求创造供给的界限

通过对资本购买力与最终购买力之间循环运动的论述，我们知道，推动资本购买力增长即资本投资增长的动力来源主要有两个：一是由消费推动的资本投资增长；二是由技术推动的资本投资增长。

在由消费推动的资本投资增长中，资本投资行为是由消费需求直接推动的，是被动的。资本投资由消费需求决定，消费需求的增长决定着资本投资的增长。

在由技术推动的资本投资增长中，技术作为循环运动的外生力量，并不具有直接或间接推动资本投资增长的渠道，因此，技术推动的资本投资行为不是被动性的。技术之所以能成为推动资本投资增长的动力，是因为资本投资本身对技术的反应是主动的，即由技术推动的资本投资所提供的商品供给会创造自己的消费需求。资本投资由技术决定，技术发明和技术创新的增长决定了资本投资的增长。

无论是由技术推动还是由消费推动，资本投资的目的是相同的，都是为了获取资本的价值增值。资本价值的增值是通过由资本投资供给的商品效用被用于最终消费而获得的。比如汽车的发明，即使是第一辆汽车，也要靠出卖使用价值获取价值增值。如果没有最终购买力以消费需求的形式产生购买行为，汽车无法应用到现实生活中，这时，即便投入在第一辆汽车的资本也不能实现价值增值，技术对资本投资的推动作用也就不能显现。这就给人们造成了一种错觉，好像资本投资的增长都是由消费推动的，技术对资本投资的推动作用被掩盖，进而被忽略，或者把它与消费需求推动的资本投资混淆在一起。

那么哪种资本投资是由技术推动的，哪种资本投资又是由消费推动的？

由于世界各经济体经济发展水平和消费水平不同，加上经济体自身的复杂性，哪种供给能够创造出自己的消费需求、哪种供给是由消费需求创造的，并没有明确的界限，如某一技术在某一经济体内已经普及，由其供给的商品就不再具有能创造出自己的消费需求的性质；但在另一经济体中这种技术尚未普及，仍然属于高技术，其所供给的商品就仍然具有创造自己的消费需求的性质。将两者界限分明地区别开来很难，也毫无意义，但将两者加以区别也并非无迹可循，我们可以从以下几个方面进行论述。

一、供给方面

从供给方面来讲，供给商品是否具有技术先进性，既包括技术发明、创新供给的新商品及商品的新款式、新工艺，比如汽车和飞机的发明及随着汽车和航空器技术创新所提供的新款式汽车和新工艺飞机，也包括因技术创新而供给的已存在的、价格大幅下降的商品，比如电脑，初始时期的价格都在万元以上，随着技术不断创新已经降到几千元。当万元以上不再能创造出消费需求时，降到几千元就能重新创造出新的、更多的消费需求，这种因技术创新而降价的商品供给所创造出的消费需求也属于由供给创造的消费需求。因非技术因素造成的降价所产生的消费需求不在此列。也就是说，只有因技术和技术创新产生或供给的商品才具有创造自身消费需求的能力。

二、技术本身

就技术本身而言，只有尚未普及的技术推动的资本投资所生产或提供的商品具有创造消费需求的能力。如果技术已经普及或成熟，那么由此生产或提供的商品就不具有这样的能力。相反，这类商品的供给却是由消费需求创造的。实质上，由消费需求创造的供给是由供给创造的消费需求的一种延续，随着技术的普及，当技术性商品的供给不再具有创造出自己的消费需求能力时，其供给的增长就只能由消费需求来推动了。

三、购买者的主体意识

从客观上说，商品交易的完成必须具备以下两个前提条件：一是商品是存在的，二是购买主体具有购买能力。从主观上说，它还必须具备另一条件，即购买主体具有购买欲望。比如，汽车发明之前，汽车作为商品是不存在的，这时购买主体即使具备购买能力也无法完成商品交易；另外，由于汽车作为商品是不存在的，主观上购买主体也不具有购买欲望。汽车被发明后，作为一种技术性新商品存在，它具有满足人们对物质福利和精神福利需求趋向最大化的特征，因此必然会吸引、刺激或诱导具有购买能力的购买主体产生购买欲望。这就是供给自己所创造的消费需求。

供给的出现使购买主体产生了购买欲望并发生了购买行为。无论这种购买行为最终是何时进行的，只要购买主体的购买欲望和决定是因供给的出现而产生的，也就是说，供给是社会最终购买力产生购买行为的唯一条件和决定性因素，那么，这种购买行为就是由供给自己所创造的消费需求。它与经过积累或节俭、具有明确购买计划和购买对象，以及用于日常生活的消费需求是不同的。比如，米、面、油、盐一旦用光，无论你有无购买欲望，都必须购买以维持生活。此时购买欲望是被动的，不买不行。而同一时期5G手机的购买就不一样了，5G手机供给的出现刺激了人们的购买欲望，这时的购买欲望就是主动的，因为没有谁逼着你去购买。对5G手机来说，供给是能够创造出自己的消费需求的，而对米、面、油、盐来说，供给则是由消费需求创造的。总之，在供给创造的消费需求中，购买主体的购买意识和购买欲望是主动的；在消费需求创造的供给中，则是被动的。

从整体社会购买力来看，它对供给创造的消费需求的产生并没有显著作用，但它的大小却决定着供给所创造的消费需求的大小，即社会整体购买力较高，供给所创造的消费需求就大，反之，就小。

总之，由技术推动的资本投资所供给的商品在其所创造的消费需求未能得到满足前，资本对技术的投资就不会停止，由技术推动的资本投资的增长也就具有了无限扩大的趋势。

资本购买力或者说资本投资在数量和结构上的存在形态，实质上也是一国生产力在生产能力和生产结构上的存在形态。因此，资本投资增长的两种推动力实质上也是生产力增长的两种推动力。一国的经济状态主要通过生产力的状态来表现，一国的经济增长同样也是通过该国的社会生产力增长来表现。因此，资本投资增长的两种推动力也是经济增长的两种推动力。即经济的增长是由技术和消费共同推动资本投资实现的。或者说，经济的增长来源于两个方面：一是由技术推动的经济增长，二是由消费推动的经济增长。

第二节　技术推动的经济增长

由技术推动的资本投资对经济的推动作用主要是通过经济体系的扩张表现出来的。如飞机发明所产生的航空工业，会使原有的经济体系得到扩张，而且随着航空技术的创新，不断出现的新型航空器进一步扩展了航空工业体系。由技术发明和技术创新所开创的新行业一旦出现就会一直存在，对劳动力的吸纳也是直接的、持久的。因此，由技术推动的资本投资对经济的推动作用主要表现为经济“面”上的扩张。我们把这种由技术推动的经济增长称为技术推动的经济增长模式或“供给型经济增长模式”。

无论是由技术推动还是由消费推动的资本投资，对经济增长的推动作用都是通过对构成经济体的各要素，包括生产力、劳动力、消费及价格的推动表现出来的。

因为技术对经济的推动作用表现为经济“面”上的扩张，所以其主要表现在构成经济体系的各要素之间的结构变动上，包括生产力结构、劳动力结构和消费结构的变动，或者说，表现在经济体自身的结构变动上。

一、技术对生产力结构变动的影响

技术推动的资本投资在经济体“面”上的扩张使经济体无论是工业体系还是行业体系都获得了极大发展，从而使工业之间的协作生产和体系生产在深度和广度上得到了相应的扩张。工业行业的扩张、工业规模的扩大、工业间协作的加强及工业体系和行业体系的形成，使资本价值增值不再依靠农业生产，并逐步摆脱了工业生产受农业生产剩余的制约，从而使工业生产所创造的价值增值逐步成为资本价值增值的主要来源。

技术所带来的工业生产率提高使工业生产加速摆脱了农业生产剩余的制约。比如工业生产一匹布需要 10 个农业劳动力，当工业生产率提高后，生产一匹布只需要 2 个农业劳动力，布匹价格下降了，布匹生产率的提高使这一行业的工业生产以 5 倍的速度摆脱农业生产剩余的制约。因为技术推动的资本投资所供给的技术性商品在国内外都能创造出自己的消费需求，所以一国在摆脱国内农业生产制约的同时，又通过商品输出把世界性农业生产纳入了资本的生产体系中。

另外，由技术所开创的新行业一旦出现，就会一直存在，对劳动力的吸纳也是直接、持久的。随着技术的不断创新，由技术推动的资本投资在工业行业的扩张及规模、体系上的扩大，催生众多劳动者靠出卖劳动力为生，并最终使劳动力成为一种商品。当资本在一国经济生活中逐步占据统治地位，劳动力成为一种商品时，资本通过雇佣劳动所创造的价值增值就超越了农业生产，它也就取代土地成为一国财富的主要来源，该国的经济增长和发展也就摆脱了农业生产和发展的制约。

经济的增长和发展摆脱农业生产和发展的制约是任何一个国家实现工业化的唯一前提条件。在世界经济发展历程中，欧美等西方发达国家在技术革命的带动下，率先摆脱了农业经济制约，实现了经济工业化。广大发展中国家直到20世纪七八十年代才在西方发达国家技术和生产力转移的带动下，逐步摆脱了农业经济的制约并迈向了经济工业化。

二、技术对劳动力结构变动的影响

技术引领和决定着整个劳动力结构的调整方向和过程，由技术推动的资本投资所创造的价值增值既是劳动力在各产业之间转移的物质保证和价值再分配的基础，也是第三产业繁荣和发展的基石。

无论是由技术推动的还是由消费推动的，经济增长首先表现为劳动者收入的增长和生活的改善，任何形式的经济结构转型首先体现为劳动力结构的转型。

高技术含量和高附加值（或称高价值增值）是技术推动的资本投资所供给的商品的基本特征。商品的高技术含量和高附加值为从事这一行业的劳动力以报酬形式而获得收入增长提供了可能，而由于技术推动的资本投资要求劳动力具有很强的专业性和知识性，这就使技术性行业对劳动力的需求经常处于竞争状态。技术性商品所含的高附加值及对技术性劳动力需求的竞争，让从事技术性行业的劳动力的劳动报酬远高于全行业劳动力的平均劳动报酬，且一直处于增长状态。

技术性行业所提供的高收入及其持续增长性，必然会推动更多的社会劳动力向技术性行业转移。在这个过程中，技术性行业对劳动力知识和技能的要求推动了劳动者技能的提高以及教育的发展和繁荣，进而反过来推动技术的增长。

技术性行业所提供的高收入在推动劳动力向技术性行业转移的同

时，也推动着劳动力在各产业之间的转移。

劳动力在各产业之间的转移是指劳动力在三大产业即农业、工业和第三产业之间的转移。在劳动力从农业领域向工业、第三产业领域转移过程中，由于构成农业的基本要素——陆地、江河、湖泊和海洋及以其为生存依托的农、林、牧、渔业都是固定不变的，即不存在农业体系随技术增长出现“面”上扩大的问题。因此，农业技术的增长和农业生产率的提高必将造成农业剩余劳动力的增加，进而促使农业剩余劳动力向工业和第三产业转移，当这些剩余劳动力转移到工业和第三产业之后，他们的收入所得就不再是农业所创造的价值增值再分配部分，而是工业所创造的。

在农业劳动力和工业劳动力向第三产业转移的过程中，由于第三产业所提供的有形商品都来源于工业和农业，且未改变这些商品的性质和用途，第三产业从业者只是通过提高商品价格来获取其服务的劳动报酬或资本价值增值。而那些不提供有形商品、仅提供无形服务的第三产业更是单纯通过服务来获取服务报酬或资本的价值增值。因此，第三产业本身并不创造商品的价值增值，从事第三产业的劳动力，其收入来源也是工业（除部分为农业服务的第三产业外）所创造的价值增值再分配部分。就是说，无论是农业劳动力向工业和第三产业转移还是农业劳动力和工业劳动力向第三产业转移，他们的收入都属于工业所创造的价值增值再分配部分。

举一个直观的例子：在医疗服务行业，医院为患者提供医疗服务时并不创造任何实现价值增值的具体商品，但医院所提供的医疗服务也是一种（广义上的）无形商品，医院可通过提供该服务来交换农业、工业所创造的价值增值部分。如果医院服务的对象是工业工人，医院为工人提供医疗服务并收取相应费用，工人支付相应费用，那么医院收取的费用就是工业工人创造的价值增值部分，工人为了医疗服务需要让渡这部分本应属于自己的价值部分。医院再以报酬的形式支付给医生、护士等医务工作者，如果医务工作者用这些收入去购买别的类型服务，其服务提供者以报酬形式获得的收入（即医务工作者支出的部分）也属于工业所创造的价值增值再分配部分。

医疗服务行业如此，其他第三产业也是如此。上述事例说明，只提供某种形式的服务，不生产任何包含了价值增值的有形商品的第三产业，其收入分配所得只能来源于工业、农业所创造的价值增值再分配部分。但对于农业而言，无论是农业生产体系还是所依托的国土资源数量都不会随着技术的增长而变动，也不会随着经济的增长和发展而变动。农业的增长只能单纯表现为数量上的缓慢增长，且不具有连续性。农业所创造的价值增值是有限的，不足以成为第三产业增长和发展所需的价值增值再分配来源，也不会成为推动第三产业繁荣和发展的力量。相反，正是工业摆脱了农业的制约后第三产业才得以繁荣和发展。因此，只有工业所创造的价值增值才是第三产业繁荣和发展所需的价值再分配来源。

既然第三产业所得收入分配来源于工业所创造的价值增值，属于工业所创造的价值增值再分配，那么第三产业的增长和发展实际上是从属于工业的。也就是说，有什么样的工业必然有一个与之相对应的第三产业，第三产业的发展形态超越不了工业的发展形态（除非第三产业的服务对象主要来源于经济体外部，有关这部分将在以后章节中论述）。

但并不是所有工业创造的新增价值都能成为第三产业价值增值再分配的来源。那些技术已经普及或相对落后的行业、众多低附加值的劳动密集型行业，它们所创造的新增价值并不高，用于自身分配后更是所剩无几，这些行业从业者的劳动报酬所得也远低于社会平均劳动报酬。随着技术性行业的普遍扩张和增长，当工业普遍表现为技术化特征时，经济体整体收入会在技术性行业高劳动报酬的推动下表现为高收入状态。在此推动下，劳动力之间会趋向于技术性行业的竞争，这种竞争必然会造成低附加值行业因劳动报酬低而面临被淘汰的风险。因此，低附加值行业所创造的价值增值不能成为第三产业繁荣和发展所需的价值增值再分配来源。

再举一个直观的例子：如果医院服务的对象是低附加值行业的工人，由于他所获得的劳动报酬不高，支付的医疗服务费用有限，医院为其提供的医疗服务也有限，医生、护士等医务工作者所得劳动报酬也相应有限，医院对医疗条件的改善也会因收入有限而受到限制。这类医院的服务对象——低附加值行业的从业者就只能享用一般的医疗条件。如果医院服务的对象是来自能创造高价值增值的技术性行业人员，他们的劳动报酬相对较高，能够支付得起更高的医疗费用，医院就能为其提供高质量的医疗服务并收取更高的费用，医生、护士等医务工作者所得劳动报酬也会相应升高，医院也会有更多的资金和意愿用于改善医疗条件。这类医院的服务对象——高附加值行业的从业者就能享受到更好的医疗条件。

如果经济体整体上实现了技术化特征，医院的服务对象普遍来自技术性行业的高收入从业者，那么，与服务对象相适应，经济体内的医疗服务行业就会在整体上获得增长和发展，医疗从业人员的报酬收入也会随之提高。医疗服务行业如此，其他第三产业也是如此。

上述事例说明，只有技术性行业创造的价值增值才具备成为第三产业繁荣和发展的物质保证和价值增值再分配的基础，或者说，只有技术性行业的高收入所带来的消费支出才是推动第三产业繁荣和发展的动力。可以说，第三产业的繁荣和发展与技术性行业的增长和发展息息相关，有什么样的工业技术化水平就有与之相适应的第三产业发展水平。

另外，随着技术提高或技术向深度、广度的普及，经济体整体的技术化特征日益明显，当经济体的技术化水平达到某一临界点时（生产力结构与劳动力结构之间的矛盾，在后面章节中有论述），即技术性行业对劳动力的吸纳造成其他行业特别是众多低附加值行业出现劳动力短缺时，经济体内必然会出现各产业之间对劳动力的竞争。这时的劳动力短缺并不是绝对的，而是相对的。因为技术性行业的高收入及其创造的社会高福利，让一些闲置劳动力宁愿失业或暂时性失业也不愿意到收入较低的行业工作。事实上，在技术性行业高收入的带动下，由于各产业之间对劳动力的竞争，其他行业要想雇佣到足够的劳动力，就必然要提高劳动报酬以达到或接近技术性行业的劳动报酬水平。

当经济体技术化水平发展到某一临界点时，在产业间的劳动力竞争引起的劳动力价格上涨过程中，对于技术已经普及或相对落后、众多劳动密集型的低附加值行业来说，由于其所创造的价值增值不高，这些新增价值用于自身分配后已所剩不多，提高劳动报酬将直接削弱这些行业的资本收益率。如果将劳动报酬提高到使这些行业的资本收益率远低于当时的平均资本收益率（技术性行业的资本收益率），那么资本对这些行业的投资意愿就会减弱甚至停止。

在与技术性行业进行劳动力的竞争时，低附加值行业为了能雇佣到足够劳动力提高劳动报酬，只能通过提高商品价格来弥补由于劳动力价格上涨而对资本收益率造成的冲击。但由于这些低附加值商品的价格上涨是由劳动力价格上涨而引起的，不是消费需求的增长引起的，因此，这个上涨必然会造成部分不能适应或本就面临被消费升级需求淘汰的商品及生产这些商品的行业被淘汰出经济体，或被新的、具有相似性的技术性或高端商品所替代。而对属于日常生活中不可或缺的生活必需品来说，即使其价格上涨也不会被淘汰，也无法被取代。这类既不能因价格上涨被淘汰或替代，在劳动力价格上涨的带动下又只能通过上涨价格才能保证充足供给的日常生活必需品，其价格的上涨如果是由劳动力价格上涨而引起的（在下节中论述的商品之间的比价调整而引起的商品价格上涨），往往具有螺旋上升性质，并最终带动经济体整体物价上涨，即通货膨胀。

如果此时正赶上某次技术革命的尾声或技术推动的资本投资趋于停滞，经济体就会产生一种独特的经济现象——经济停滞与通货膨胀并存，即滞胀。

显然，当由技术推动的劳动力价格达到某一临界点时，经济体内生产力结构与劳动力结构之间的矛盾就产生了，而这种经济体技术化特征发展到某一临界点，由劳动力价格上涨引起的物价上涨是无法通过经济体内部的经济政策解决的，滞胀更是如此。要解决滞胀问题，特别是物价上涨问题，只有把最终表现为物价上涨的众多低附加值商品转移到经济体外劳动力更低廉的国家和地区生产，然后通过对外购买以满足国内消费需求（20 世纪 70 年代末，特别是八九十年代，西方发达经济体生产力向发展中国家转移就是上述现象的具体体现）。对于不能进行生产转移却能提供基本生活用品的农业，特别是种植业和牧业，只有通过国家干预特别是国家补贴才能够在经济体内得以生存。

第三产业又是另一回事了。由于第三产业本身并不创造价值增值，其所得是属于第一、第二产业所创造的价值增值再分配部分。提高从事第三产业劳动者的劳动报酬，必须有足够的、来自第一和第二产业所创造的价值增值再分配部分来支持。随着众多低附加值行业生产的对外转移，以这些行业为服务对象的第三产业自然也会被淘汰。而那些以技术性行业为服务对象的第三产业也必然会随着经济体技术化水平的不断提高，无论是服务层级、服务水平、服务条件还是从业者劳动报酬都将获得相应提高。而事实上，只有技术性行业才能为第三产业向更高层级的发展和繁荣提供价值增值再分配的基础。

显然，在技术推动下，无论是被淘汰或转移到经济体外部生产的众多工业低附加值行业，还是依靠政府补贴才能生存的第一产业，抑或是获得了繁荣和发展的第三产业，都是经济体技术化水平达到某一临界点时劳动力在各行业之间竞争的必然结果。它们不仅体现了经济结构优化调整的过程，也体现了劳动力结构优化调整的发展方向。在这个过程中，由劳动力价格变动引起的其他商品比价调整也预示了在由消费推动经济增长模式下更复杂的商品比价调整开始登上世界经济舞台。有关这部分我们将在“消费推动的经济增长”一节中详尽论述。

总之，技术不仅引领和决定着经济体生产力结构优化和调整的方向和过程，也引领和决定着劳动力结构优化和调整的方向和过程；技术是推动劳动力在各产业之间转移的动力，技术推动的资本投资所创造的价值增值既是劳动力在各产业之间转移的物质保证和价值增值再分配的基础，也是第三产业繁荣和发展的基石。由技术推动的资本投资不仅是开创和推动经济体自身结构变动的动力，也是推动构成经济体各要素——生产力、劳动力、消费结构变动和价值再分配的基础和决定性力量。

三、技术对消费结构变动的影响

首先，技术推动的资本投资所带来的消费增长，不仅扩大了技术本身推动的资本投资所供给的商品创造自己消费需求的基础，也是消费推动的资本投资的主要消费来源。

在生产力结构与消费结构之间的循环运动中，就循环运动内部或单一经济体内部而言，经济增长主要源于两个方面：一是由技术推动的资本投资增长；二是由消费推动的资本投资增长。技术增长来源于人类智慧，这方面不是本书所要论述的范畴。消费增长也源于两个方面：一是由技术推动的资本投资所带来的消费增长；二是由消费本身推动的资本投资所带来的消费增长。我们暂且抛开由技术带来的消费增长部分，因为这部分在经济体整体消费中所占比例较小且不足以支配消费结构的变动趋势，单就由消费推动的资本投资所带来的消费增长部分进行论述。

消费增长包括就业数量的增长，即总体消费量的增长和个体消费量的增长，也就是劳动力收入的增长。

由消费推动的资本投资对经济增长的推动作用不是通过经济体系扩张而是通过经济体在数量和规模上的扩大实现的，当经济体内的某种行业生产率提高时，必然会造成部分从事这一行业的劳动力失业。如果这时由技术推动的资本投资增长所吸纳的就业量不足以抵消因生产率提高而造成的就业和收入减少，那么，相对于已存在的社会总就业量和总消费量，就会造成社会总就业量和总消费量趋向于减少。当然，在由消费推动的资本投资领域，相对于失业的这部分劳动力，尚在就业的劳动力会因生产率提高而获得收入的提高，但由于资本提高生产率是冲着利润（剩余价值）而来的，其所创造的新增价值的大部分将被资本所占有，只有一小部分才会归劳动者所有（这就可以解释欧洲技术革命时期产业工人为什么会毁坏机器）。就是说，尚在就业的劳动力增加的那部分收入要远远小于失业劳动力减少的那部分收入。因此，在由消费推动的资本投资领域，生产率的提高不仅不会在总体上促进就业和消费的增长，反而会造成这一领域失业的增加进而造成消费的减少。如果这时技术推动的资本投资增长所吸纳的就业量和带来的收入增长不足以抵消因生产率提高而造成的就业和收入的减少，那么，在由消费推动的资本投资领域，劳动生产率的提高还会造成经济体总就业量和总消费量的减少。

另外，受劳动力供求关系的影响，经济体总失业量的增加，必然会促使劳动力价格趋于下降，这必然又会造成劳动者收入，无论是单个劳动者还是社会总劳动的收入都趋于下降并最终造成总消费量趋于减少。

单就消费推动的资本投资领域，技术增长和生产率的提高不仅会造成失业增加及社会收入两极分化，还会造成经济体收入趋于减少并最终造成生产与消费“双萎缩”。此时，我们可得出如下结论：

任何一个经济体，如果由技术推动的资本投资领域对劳动力的吸纳不足以超越因生产率提高而造成的劳动力失业，必然会造成失业增加和收入两极分化的经济现象。而且在经济增长和发展的任何时期，如果没有技术推动的资本投资所带来的消费加入，那么消费不但无法形成规模动力来推动经济的增长，最终还会造成生产和消费的“双萎缩”（这可以解释发展中国家某些时期招商引资的重要性）。

无论是技术还是消费本身，这两种不同来源推动的消费增长最终要形成两种不同性质的消费：一是被技术性商品供给创造出的属于自己的消费；二是作为一种动力形成的由消费推动的资本投资中的消费。既然没有来自技术推动的资本投资所带来的消费加入，仅靠消费本身，不仅不会形成规模动力来推动经济的增长，最终还会造成生产和消费的“双萎缩”。那么，由消费带来的增长就不可能是技术创造的消费的主要来源。技术创造的消费主要来源于由技术自身推动的资本投资所带来的消费，况且技术性商品大多都不属于日常生活用品，且具有奢侈性，其价格往往较高，因此，这些商品所创造的自身消费需求基本上都来源于高收入的消费阶层，而高收入的消费阶层又大多来自技术性行业。因此我们说，由技术推动的资本投资所带来的消费增长也是其自身所供给的商品创造自己消费需求的主要消费来源。

总之，由技术推动的资本投资所带来的消费增长不仅扩大了由技术本身推动的资本投资所供给的商品创造自己消费需求的基础，也是由消费推动的资本投资的主要消费来源，其带来的高收入也成为社会总购买力增长和消费结构升级变动的基础和条件；在经济体内部，没有技术推动的资本投资所带来的消费加入，单靠由消费推动的资本投资是无法形成规模动力的，消费也无法超越技术成为推动经济增长和发展的主动力；任何一种形式的增长和发展都不可能单独依赖经济体内部的消费来推动，在经济体兴起和发展的初期阶段更是如此。

事实上，在世界经济发展历程中，即使是西方发达国家，其消费超越技术，上升为推动经济增长和发展的动力也是战后历经几次大规模技术革命和收入分配制度改革，特别是资本对社会新增价值的占有被削弱之后才逐步形成的。20 世纪六七十年代，广大发展中国家试图以自身消费来推动经济增长和发展，这种进口替代型经济发展战略的失败原因也在于此。

前面的论述论证了由技术推动的资本投资所创造的价值增值是劳动力在三大产业之间转移的物质保证和价值增值再分配的基础，也是第三产业繁荣和发展的根本动力。事实上，只有技术带来高收入，才能形成高层级消费，进而逐步把那些不能适应新的消费需求的行业或商品萎缩或淘汰，以适应新的消费需求的行业或商品兴起或扩展；只有技术带来高收入，才能推动生产力在各产业之间竞争，进而逐步把那些不能适应生产力结构的行业或企业淘汰、转移，以适应生产力结构的行业或企业兴起或发展。因此，由技术推动的资本投资所带来的消费也是西方发达国家经济结构调整优化的主要动力。

对广大发展中国家而言，在其经济兴起和发展时期，西方发达国家已在技术领域占据绝对垄断地位，既不具备技术推动所需的技术条件，更没有技术性行业创造的新增价值所形成的消费，消费更是不足以成为推动其经济兴起和发展的动力。因此只能依赖出口，即依赖西方发达国家的消费需求。

20 世纪七八十年代，处于经济转型时期的西方发达国家生产力开始向发展中国家转移，特别是劳动密集型行业的转移，这才使广大发展中国家经济的快速增长和发展成为可能，发展中国家出口导向型经济发展战略才得以成功。

因此，由技术推动的资本投资所带来的消费既是西方发达国家经济结构调整和优化的主要动力，也是推动发展中国家经济兴起和发展的主要动力。

四、技术对商品价格变动的影响

由技术推动的资本投资所提供的商品供给能创造出自己的消费需求，或者说，对技术性商品的消费需求是由技术性商品的供给自己所创造的，这些消费需求都是在现有的社会最终购买力基础上自觉主动产生的，因此，此类消费需求的增长并不会对商品的价格变动产生影响。相反，在技术性商品不再具有创造出自己的消费需求之前，资本对技术性商品的投资具有无限扩大的趋势，技术性商品的供给是充裕的，又有很高的附加值，因此，商品价格具有很大的下降空间。在新技术普及的过程中，这些具有高附加值的技术性商品的价格往往是趋于下降的；同时在一种新技术普及前，当新技术商品在某一价位不能再创造消费需求时，也往往会通过降价来重新创造另一个消费阶层的消费需求（如汽车、电视、手机等电子产品）。这种通过降价重新创造消费需求的现象有时会持续到该技术在社会的普及，或直到作为该技术载体的商品不再具有较高附加值。事实上，一种技术性新商品普及的过程，也是商品价格下降的过程。

因此，在由技术推动的经济增长模式下，商品价格具有很强的稳定性，其变动更多地表现为价格下降而不是上涨，更不会发生普遍性的物价上涨即通货膨胀。这与下节要论述的由消费推动的经济增长模式下的商品价格经常性表现为剧烈变动正好相反。这就解释了在消费推动的经济增长作为主要动力尚未登上历史舞台的西方工业革命时期，为何物价一直保持稳定甚至略有下降，而在战后，当消费取代技术或与技术并列成为推动经济增长的主要动力时，商品价格却变动剧烈甚至出现滞胀。

五、技术与经济危机的关系

在对由技术推动的资本投资对经济的推动作用进行了赞美式的论述后，我们也有必要对其缺点有所了解。

与优点相同，其缺点也具有“供给能够创造出自己的消费需求”这一性质。

资本对技术性商品的投资具有无限扩大的趋势，但随着技术的普及，当这种供给不再具有创造出自己消费需求的能力时，要使供给继续保持增长并被最终消费，就必须由消费需求来接替技术作为推动供给持续增长的继替动力。以此类推，如果将单一的技术类推为一场新技术革命，那么，随着技术革命所创造的新技术在经济体中的普及，技术性商品的供给也就不再具有创造自己消费需求的能力，这时，要保持经济的持续增长就必须由消费来作为继替动力。如果当时的社会收入分配制度更倾向于资本的形成，从而使社会消费需求经常性地处于不足状态（比如战前的西方资本主义国家），那么，消费就无力接替技术成为推动经济持续增长的继替动力。这时，经济体由技术推动的经济增长部分就会由无限扩张转变为突然陷入停滞，如果当时的经济增长主要由技术推动的，那么整个经济就会突然陷入停滞并进入危机状态，或者说经济体突然爆发了经济危机。这就是经济危机爆发的技术性原因，当然，经济危机爆发的根源是生产资料私有制与生产社会化之间的矛盾。

由于当时消费需求不足，尚不具备单独作为动力来推动经济增长的能力，因此，危机后的经济复苏也只能靠下次的新技术革命了。经济规模越大，技术规模越广，危机就越严重，复苏就越困难。二战之前，这种由技术推动的供给型经济增长模式在西方经济生活中非常普遍。这也是二战之前，在由技术推动的经济增长模式下，经济危机周期性爆发的技术因素。当时资本主义国家的世界性危机爆发与几次大的技术革命普及相吻合，而经济复苏又与几次大的技术革命相吻合。

第三节　消费推动的经济增长

由消费推动的资本投资对经济的增长作用主要是通过经济体系在规模和数量上的扩大体现出来的。它主要表现为经济在“点”上的扩大，即规模和数量上的扩大。因此，它也是由技术推动的资本投资向深度和广度普及的一种延续。在技术普及过程中，当由技术推动的商品供给逐步超过其自身所创造的消费需求时，技术性商品不再具有创造自己的消费需求的能力，相应的资本投资增长就会停下来。这时，要保持商品的持续供给并被用于最终消费，或者说，要使技术推动的这部分经济增长处于持续状态，就必须由消费来继替推动。因此，由消费推动的资本投资对象主要是技术普及或相对成熟的行业，如劳动和资本密集型行业、众多低附加值行业。由于这些行业所提供的商品供给不具有创造自己消费需求的能力，因此这些行业不能再靠技术吸引投资了，而只能靠消费来推动了。这样，消费就成了推动资本对这些行业进行投资的动力来源。

我们把这种由消费推动的经济增长称为消费推动的经济增长模式。消费取代技术或与技术并列成为推动经济增长的主要动力，与技术革命、资本取代土地成为国家财富的主要来源，以及后来信用货币世界化取代资本成为国家财富的主要来源一样，都是资本主义国家经济发展史上的里程碑事件。

如果说由技术推动的资本投资主要表现为经济的“增长作用”，那么由消费推动的资本投资则主要表现为经济的“发展作用”。事实上，尽管技术推动的资本投资对经济的增长是如此重要，由消费推动的资本投资增长才是人类追求的目标。

由消费推动的经济增长并不像技术那样，具有通过开创一个新行业、新款式或新工艺来推动经济增长的能力。它对经济的推动主要是通过对技术所开创行业在数量和规模上的扩张表现出来的，或者说，是由技术推动的经济增长在数量和规模上的一种延续，因此，消费对经济的推动作用不是通过生产力及劳动力等经济体各要素在结构上的变动表现出来的，而是通过规模、数量上的扩大表现出来的。也正是这种扩大，使它对商品价格变动的影响远远超过了由技术推动的资本投资对商品价格变动的影响。事实上，由消费推动的资本投资对经济的推动作用就是在商品价格变动，特别是商品之间比价调整的基础上实现的。

一、商品之间的比价调整

在由消费推动的经济增长模式下，商品价格的剧烈变动是一种必然的经济现象。这种模式下的商品价格变动，特别是价格上涨，不能简单地看成是由货币问题或货币过量造成的。它与技术推动的经济增长模式下稳定的商品价格一样，都是由各自模式下的内在经济规律决定的。即使是在标准的金本位制下，商品价格的剧烈变动依然会成为消费推动的经济增长模式下的必然经济现象。

消费的持续增长是消费推动的经济增长模式的基本经济特征，带动了生活质量和消费层级的逐步提高。这一过程是适应新的消费需求增长的行业兴起和发展，以及不能适应新的消费需求增长的行业萎缩和淘汰的过程，也是众多商品之间大规模比价、小幅度调整的过程。事实上，那些低附加值商品及农业和资源性商品之所以被更大规模地生产、开发出来并能保证资本购买力对其需求的持续供给，正是通过价格的上涨实现的；而那些不能适应新的消费需求增长的商品逐步萎缩、被淘汰或优化到更适应的地方，也是通过价格下降或相对下降实现的。

例证1：随着消费的增长、居民生活水平的提高，人们对肉、蛋、奶的需求必然会增长，要保证供给的持续增长，就必须持续增加家禽和牲畜的饲养量。畜牧业在规模和数量上的持续增长必然会导致对用于饲料加工的原料——谷物的需求出现持续增长。这里我们仅以玉米为例加以说明。要使玉米的供给保持持续增长，就必须保持玉米的种植面积持续增加。与部分工业品不同，在农业行业，要使玉米的种植面积持续增加只有提高玉米的价格。而只有打破玉米与同一生长期的其他农作物——棉花、大豆、芝麻、花生等的比价平衡，才能促使农民或农场主增加玉米的种植，缩减或放弃其他农作物的种植（注意，这时的玉米价格上涨尚属于需求增长直接造成的，接下来要论述的价格上涨与需求无直接关系，而是与玉米价格的上涨有直接关系）。

玉米价格的上涨，打破了玉米与同一生长期的其他农作物的价格平衡，促使农民或农场主增加玉米的种植面积，缩减或放弃其他农作物的种植。对于那些社会需求度不高、需求弹性大或价格上涨后有替代品的农作物，玉米价格上涨后，由于不能上调比价，这类农作物的种植就会首先被缩减或优化到其他地区。但对于那些具有较高社会需求度的农作物，在玉米价格上涨后，为了能保持一定的供给量，或者说保证一定的种植面积，就必然会随着进行价格上涨，但上涨的幅度不会超过玉米。这种类型的价格上涨不是由对该类商品的需求增长引起的，而是比价调整引起的。因此，这种商品价格上涨与需求无关，不会造成该类商品供给的增长，相反会造成对该类商品需求的减少。

上述类型的商品价格上涨与玉米价格上涨是不同的，但却是由玉米价格上涨而引起的，是该类商品与玉米价格上涨进行比价调整的结果，与对该商品的需求增减和成本变动没有直接关系。我们把这种类型的商品价格上涨称为商品之间的比价调整，即一种或几种商品在需求和成本不变的情况下，由另外一种或几种相关联的商品价格变动而引起的价格变动过程。一般在玉米价格上涨后的一段时期内，玉米价格经过和相关商品价格在大范围、小幅度的比价调整后，会在某一时间使价格比重新达到一个新的平衡点。

例证2：在一定时期内，随着消费需求的持续增长及生活质量和消费层级的提高，人们对平板电视机的需求会超过同类商品显像管电视机，并造成对显像管电视机需求的减少，从而使显像管电视机的价格趋于下降。当显像管电视机的价格下降到使投资生产显像管电视机所获得的资本收益率逐步低于社会平均收益率时，显像管电视机的生产就会萎缩；当价格下降到投资生产显像管电视机不能再创造价值增值时，即处于生产成本之下时，显像管电视机的生产就会被淘汰出经济体。也就是说，只有显像管电视机的价格下降到生产成本之下，才能把其生产从经济体中淘汰出去。

通过上述两个例证，我们理解消费推动的经济增长模式下商品价格的变动就更直观了。

在由消费推动的经济增长模式下，资本投资对象基本上都属于附加值较低的非技术性行业，这些行业的资本收益率普遍低于或接近社会平均资本收益率，在商品价格不变的情况下，即使消费促使其产生大幅度增长，也不能吸引足够的资本对其进行投资。只有通过商品价格的上涨，提高资本收益率，才能够吸引资本对其进行规模投资并保证商品的持续供给。也就是说，对这些行业来说，只有商品价格的上涨才能促进其在规模上的兴起和发展。同时这种上涨必然打破该商品与其相关联的其他商品之间的比价平衡，从而形成众多商品之间的比价再调整。在上述事例中，由玉米价格变动而引起的商品之间的比价调整就如此复杂，那么在整个经济体内，由众多商品价格变动而引起的商品之间的比价调整就更错综复杂了。事实上，在由消费推动的经济增长模式下，众多商品之间的比价调整是时刻进行着的。

另外，随着消费的持续增长及生活质量和消费层级的提高，那些经过商品之间的比价调整而价格未能上涨的商品及因消费需求提高而被抛弃的低端商品，正是通过价格的下降或相对下降才萎缩或被淘汰出经济体的。

因此，在由消费推动的经济增长模式下，商品的价格变动是一种必然的经济现象。无论是生产力结构相对于消费结构变动的适应过程，还是经济体结构的优化组合过程，它们都是在商品之间比价调整的参与下才得以实现的。

在商品价格的变动过程中，商品价格下降只表现为经济体优化组合，对经济增长和发展的影响微乎其微。况且在消费推动的经济增长模式下，商品价格的变动以商品价格上涨为主，因此，我们对商品价格下降的论述到此为止。接下来，我们将围绕对经济增长和发展产生重大影响的商品价格上涨展开论述。

二、正常的商品价格上涨和不正常的商品价格上涨

在由消费推动的经济增长模式下，商品价格的上涨虽然是必然的，但并不是说所有的价格上涨都是正常的，都对经济增长和发展有益。正常的商品价格上涨有利于增加供给或优化组合经济体各要素。政府对正常商品价格上涨的管制常常会适得其反，既不利于供给的增长，也会在管制价格基础上形成新的、扭曲的比价平衡，甚至成为社会问题产生的根源。但对于不正常的商品价格上涨，如果政府不能进行有效管控，同样会在扭曲的价格基础上产生严重的经济和社会问题。

那么，如何区分什么样的价格上涨是正常的，什么样的价格上涨是不正常的呢？下面我们将依据商品价格的上涨是否有利于供给增长，是否有利于经济体各要素的优化组合及资源配置，来对经济体中主要类型的商品价格上涨进行论述。

1. 由供求关系而引起的商品价格上涨

在由消费推动的经济增长模式下，受附加值和行业限制，农业、资源类行业及那些附加值较低的行业，资本收益率普遍低于或接近社会平均资本收益率。在资本收益率或商品价格不变的情况下，即使这些行业商品的消费需求大幅度增长，也很难吸引资本进行大规模投资并保证供给相应增长。即便有部分资本在消费的持续推动下进行了投资，但由于商品要参与价格之间的比价调整，而几乎所有基础性商品，特别是生产资料和原材料又都常常处于比价上调中，同时，社会劳动力价格也处于不断上涨中。这时，受成本递增限制，在所供给的商品价格不变的情况下，资本对附加值较低行业的资本投资收益率越来越低。就是说在供给的商品价格保持不变的情况下，资本对这些行业的投资收益率是递减

的。因此，只有通过商品价格的上涨，才能使这些行业的投资收益率接近或超过社会平均投资收益率，才能吸引资本进行大规模投资并保证商品供给的持续增长，以满足社会消费需求对这些商品的需求增长。

事实上，除了滥发货币而引起的价格上涨外，由消费需求持续增长而引起的价格上涨，是不能说成是货币过多的问题的。毕竟人类生产发展的过程就是人类消费需求不断增长的过程，而人类生产发展的目的就是不断满足人类日益增长的物质文化需求。只要这种价格上涨能促进商品供给增加，它就是一种正常的商品价格上涨。这类商品价格上涨是促进商品供给持续增加的保证，是众多商品价格之间进行比价调整的信号，也是经济体经济发展的基本标志。

另外，由供求关系而引起的商品价格上涨也是所有复杂的商品价格上涨的基础，事实上，所有复杂的商品价格上涨都是在此基础上衍生出来的，当然也包括我们以下所要论述的几种商品价格上涨。

2. 由商品之间的比价调整而引起的商品价格上涨

一种或几种商品在需求和成本不变的情况下，由另外一种或几种与之相关联的商品价格变动而引起的价格变动过程，我们称之为商品之间的比价调整（以下简称“比价调整”）。比价调整引起的商品价格上涨是否正常还要看引起商品之间进行比价调整的价格上涨是否正常。

事实上，无论是生产力结构对消费结构变动的适应过程还是在生产力增长推动下经济体在结构上的优化过程，它们都是在比价调整的参与下才实现的。特别是在技术推动的劳动力发生结构变动的经济体中，由此所带动的劳动力价格上涨，进而引起比价调整更是该国经济迈向发达经济体的标志和必然一环。就是说，正常的比价调整引起的商品价格上涨能够促进经济体持久健康增长，不正常的比价调整引起的商品价格上涨则会导致经济体内部各要素之间发生扭曲和不平衡，并最终酿成经济和社会问题。

20世纪70年代，西方国家在第三次技术革命相继普及和凯恩斯主义持续推行的共同作用下，众多新行业、新领域对劳动力的吸纳成规模增加。而且由于这些行业的商品附加值高、对劳动力技能的要求也较高，因此，从事新技术行业的劳动力所获取的劳动报酬也较高且持续增长。这使得众多新增劳动力都涌向了新技术行业，而那些附加值较低的劳动密集型行业无法再以现有的劳动力价格留住或招收到足够的劳动力。只有通过提高劳动力价格使其达到或接近新技术行业的劳动力价格，才能留住或招到足够的劳动力。但由于这些行业的附加值较低，用于价值再分配的价值增值有限，将很难承受劳动力价格上涨带来的冲击。因此，只有通过商品价格的上涨来缓解由劳动力价格上涨带来的对资本收益率的冲击。

这种由劳动力结构变动，或者说由新技术行业劳动力价格上涨引起的比价调整，在低附加值行业的劳动力价格没有达到或接近新技术行业劳动力价格前，很难在某一点上重新达到比价平衡，这也使得劳动力价格的上涨总是处于持续状态，由此引起的比价调整也是如此。由于参与此次比价上调的商品大多属于日常基本生活用品，因此很容易演变为整体的物价上涨，即通货膨胀。在通货膨胀与停滞的共同作用下，产生了经济生活中一种新的经济现象——滞胀。20世纪七八十年代，西方国家普遍进入到严重的滞胀时期，这是在第三次技术革命趋于尾声与消费推动的经济增长逐步上升为主要动力的相互作用下产生的。

显然，要解决通货膨胀就必须把那些劳动密集型等附加值低的行业淘汰出经济体，但由于这些行业所供给的商品基本上都是不可或缺的日常生活用品，因此，只能通过生产力转移的方式把它们转移到拥有廉价劳动力的国家和地区，同时还能为那些不能再创造自己的消费需求的技术性商品寻找新的外部消费需求。

因此，在20世纪七八十年代，西方国家在世界范围内掀起了低附加值生产力向发展中国家转移的浪潮，直到20世纪90年代中期才基本结束。这股浪潮结束后，西方国家之间也掀起了一波基于比较优势的生产力转移浪潮。在这两次生产力转移过程中，那些不能转移出去而又不能适应劳动力价格上涨的行业和部门，要么价格上涨，如餐饮业和建筑业；要么依靠政府补贴，如农业和畜牧业，存活了下来。这也是同一种行业、同样劳动技能的劳动力在西方国家的价格比发展中国家高出很多的原因。通过这两次生产力在全球范围内的转移，西方国家实现了经济的技术化。西方国家生产力在全球范围内的转移过程实质上是西方资本在全球扩张、构建由其主导的国际资本体系的过程，也是作为西方国家资本载体的信用货币演化为世界货币的过程。西方国家构建的国际资本体系，直接把基于西方国家技术化经济体的资本收益率强加给了发展中国家，而西方国家信用货币的世界货币化又使西方信用货币取代资本成为从世界范围内向国内输送财富的主要工具。两者都是发展中国家如今苦难的根源和西方资本收割发展中国家财富的利器。正因如此，西方国家才能实现把技术化的商品生产建立在全球需求基础上；让消费需求实现了高层级化，并把这种高层级化的消费需求建立在全球范围内的生产基础之上，最终让西方国家迈向了经济全球化阶段。

事实上，在发展中国家进口替代型经济发展模式失败后，比价调整推动的生产力全球转移，为其提供了一个出口导向型经济增长和发展模式。

笼统来说，世界经济的现状也是20世纪70年代西方国家劳动力在结构上变动所引起的比价调整结果。

3. 由特殊行业而引起的商品价格上涨

经济体中的特殊行业并不多，主要有医疗行业和房地产行业。之所以说这些行业特殊，是因为市场的运行规律和竞争规则多数时候并不适用于它们，由这些行业所产生的问题也不是市场能解决的，由这些行业而引起的商品价格上涨总是表现为不正常的商品价格上涨。

医疗行业。医疗行业的最终消费环节是在卖方——医院和买方——患者之间完成的。与其他商品交易不同，在医院与患者的交易中，作为买方的患者既没有购买药品的选择权，即购买什么药品，也没有购买药品的决定权，即购买多少药品、怎样购买，而这些都是在作为卖方主体的医院手中。作为营利性的医院，它当然希望患者购买能够给医院带来高利润的药品以及购买更多的药品。例如，如果医药行业的资本收益率是20%，那么，卖一瓶1元的药品，医院能赚0.2元，而卖一瓶10元的药品，医院能赚2元。相同效用的药品，医院更倾向于卖给患者10元的药品而不是1元的。同样地，药品生产者也更愿意卖给患者10元的药品而不是1元的。这样一来，价格低的和降价的药品是没有生存空间的，药品价格总是处于上涨之中。显然，医药行业的特殊性使交易双方既不平等，也不存在竞争，单纯依靠市场的力量是阻止不了价格上涨的。要使医药行业的药品价格回归理性，只能依靠政府的力量来规范药品生产者、医院、患者三者之间的竞争性关系，使患者掌握本应属于自己的选择权和决定权，或者由政府替患者掌握这两种权力。

房地产行业。房地产行业之所以特殊，是因为信用货币时代或不可兑换纸币时代的保值增值功能，使它成为实体经济中能持续形成泡沫的行业。当经济体内用于投资的资本过多而投资渠道却越来越少时，这些资本很自然地就会流向具有保值增值功能的房地产行业。

一个经济体同时具备下述四个特征时，由房地产行业引起的价格上涨很容易形成房地产泡沫。特征一：经济体内的投资已趋于饱和或投资资本远超经济体所能提供的投资机会，经济体面临升级转型。特征二：货币不具备直接进行对外投资的能力，或者说具备这一能力但外部接收度有限。特征三：货币处于持续升值之中，且具有持久的对外升值预期或至少不具有货币贬值预期。特征四：消费层级已基本具备了向高层级化迈进的能力，或者说已有足够的群体具备了持续增强房地产需求的能力。国内投资机会的减少及受货币对外投资能力的限制，必然会造成经济体内大量无路可去的资本涌向房地产行业；而货币的持续升值预期又将使更多的外部资本涌向这个行业。另外，在泡沫形成过程中，所产生的财富效应促使大量本应属于最终购买力范畴的个人储蓄也进入这一行业，从而直接演化成了投资资本。

资本都是以逐利为目的，不会把建造、购买的房屋当作最终消费品来居住的，而是为了通过房屋交易赚取差价。这种差价是建立在资本对房屋未来的预期价格基础之上的，只要对房屋的预期价格高于现实交易价格，资本对房屋预期价格的追逐就不会停止。这样就必然会造成房屋的交易价格逐步远离真实价格，它们之间的差价可称为房屋的泡沫差价。

房屋的真实价格是由购买房屋并用于居住的最终购买力，在没有投机资本参与下的竞争价格。一旦有大量的投机资本参与竞价，房屋的真实价格就只能存在于人们的想象中。这种情况下，最终购买力不可能以真实的价格购到房屋，只能以包含了大量泡沫的交易价格完成对房屋的购买。这种交易价格反映的并不是由最终购买力推动的现实需求，而是由资本推动的预期资本需求。在泡沫破灭前，资本并不是这种交易价格的最终承受者，最终购买力是。或者说，由资本推高反映预期虚拟需求的交易价格最终却要由反映现实需求的最终购买力来承受。这也正是房地产泡沫对真实经济产生危害的根源所在。

一般而言，当经济体内其他商品的价格趋于稳定或上涨乏力，而有关房地产的建筑材料和房价却大幅上涨，这就证明房地产泡沫已经形成。这种泡沫一旦形成，无论是破裂之前还是之后，它对经济体产生的破坏都是全面的、持久的。

在泡沫破裂之前，这种由资本堆积起来的泡沫价格却要由最终购买力来承受，从本质上说，这就是资本对最终购买力赤裸裸的剥夺。泡沫价格的存在，让经济体内本应用于生产力增长的资本大量涌入房地产行业，而那些把房屋用于最终消费的购买者却要花费更多的最终购买力。而在没有房地产泡沫价格的情况下，这些多花费的最终购买力本可以用于购买别的商品，可以说，房地产泡沫价格直接改变了这些最终购买力的购买方向，进而改变了消费结构的存在状态。消费结构的存在状态是通过支出决定生产力结构的存在状态，因此，资本在房地产行业的大量聚集必然会造成房地产相关行业的超前发展，而泡沫价格改变的消费倾向必然会造成大量本应兴起或发展的行业因消费需求的改变而处于消费需求不足的状态。

一旦泡沫破灭，聚集在房地产及相关行业的众多资本很快就会蜕变为过剩的生产能力和众多无法变现的地产高楼，从而使作为社会生产力标志的资本被大量销蚀掉。而作为资本供给中介的金融行业也将因此陷入危机，并造成资本供给的障碍。资本被大量销蚀和金融业危机最终会造成整体经济的全面停滞。

泡沫破灭的影响也不仅限于房地产行业，更重要的是其对消费的冲击。原本在财富效应驱使下进入房地产行业的资本陷入困局，个人储蓄大量萎缩，消费意愿也因此萎靡。

总之，房地产泡沫的形成很容易使经济体的发展趋向畸形和不可持续。而泡沫破灭后，所造成的资本和消费的“双萎缩”又将使经济体的恢复持久、艰难。

4. 由汇率变动而引起的商品价格上涨

20 世纪 70 年代初，黄金作为世界货币的时代彻底终结，世界迎来了不可兑换纸币，即信用货币作为世界货币的时代。信用货币作为世界货币的时代是汇率经常处于变动的时代，或者说是汇率无法固定的时代，由汇率变动引起的商品价格上涨也随之成为各国经济生活中主要的商品价格上涨形式。

纯纸币是不可兑换的以信用为本位的信用货币，当一个国家和地区以立法的形式把它作为法定货币，那么，这种信用货币在这个国家和地区就具有了全部的货币职能。而在国外，由于它没有任何实物本位可兑换，理论上它也就失去了货币的全部职能。一旦一国的信用货币演化为世界货币，那它在国外或世界范围内就具有了世界货币的全部职能。

这样，信用货币既具有资本性质，可在世界范围内进行资本投资和生产力转移，也具有直接对外购买的能力，并利用这种能力将消费需求建立在世界范围内的生产基础之上。无论是对外投资、转移生产力还是对外购买支出，最终都能直接地、人为地为该国创造世界范围内的外部需求（这种需求是一国信用货币被赋予世界货币属性之后所带来的附加需求，有关这一论述我们后续详述）。这样一来，这个国家就利用其信用货币的世界货币化实现了本国生产、消费的世界化，即实现了该国经济的全球化，该国的货币和金融政策也必然会建立在经济全球化基础上并反映着这一倾向。

对于其他信用货币不具有世界货币性质的国家和地区来说，无论采取哪种汇率制，它们的汇率都要盯住某一种世界货币。同样，因为不具有世界货币的性质，这些国家的经济只是经济全球化的部分参与者或从属者。也就是说，无论生产力结构、消费结构、劳动力结构还是经济发展阶段，都只能从属于那些拥有世界货币主导权的国家。因此，两者之间的汇率变动及由此引起的商品价格比价变动反映的是拥有世界货币主导权的国家的经济现状及发展倾向。

另外，一国信用货币被赋予世界货币属性后，它的发行基础不再局限于国内而是延伸到世界范围，它的国内资本平均收益率也就成了世界范围内的资本平均收益率（这一提法在后面章节中有详述）。当拥有世界货币主导权的国家出现经济衰退或危机需要外部支援时，该国就可以通过对外支付、投资和借贷直接向世界经济体注入本国货币，或者通过降低利率的方式人为降低资本收益率水平，从而促使以该国货币形式存在的国际资本大量流向发展中国家。这些货币金融政策能直接为本国经济创造外部需求，以达到缓解、消除衰退和危机的目的。从长期来看，这种宽松的货币金融政策必然会导致该国货币贬值和以该国货币计价的国际性基础商品价格上涨。而对于那些不具有世界货币性质且本国货币的汇率又盯着该国货币的国家，这时就面临着两难的境地：如果汇率紧跟该国货币调整，则货币的贬值必然会带动本国物价上涨；如果汇率升值，则必然削弱本国商品的外部竞争力，造成出口减少甚至外汇短缺。在这种情况下，最好的办法就是随波逐流了。

当拥有世界货币主导权的国家的经济出现高涨或在某些领域发生了新技术革命需要大量资本时，该国可人为地提高资本收益率，促使世界范围内的资本蜂拥回流。这类货币金融政策，不仅能直接为该国高涨的经济和技术革命汇集大量廉价资本，还能顺势收割一波世界财富。这时，对于那些不具有世界货币性质但汇率又盯着该货币的国家而言，已经不是简单的汇率升值或贬值的问题，而是是否要爆发货币危机的问题。一旦爆发货币危机，这些国家的国内资产价格就必然会下降。事实上，西方国家对发展中国家财富的收割就是利用这种方式实现的。

总之，一国的信用货币一旦被赋予世界货币属性，该国的货币和金融政策必然要建立在经济全球化基础上并为之服务。该国货币和金融政策所要实现的目标仅限于国内，倾向于实现本国利益最大化。而该国货币和金融政策所要调动或受影响改变流动方向的资本则是在世界范围内进行的。

在世界范围内流通的众多国际资本同样也以营利为目的。它们要想在全球范围内实现利润最大化，其流通和交易倾向就必须与拥有世界货币主导权国家的利益相一致。事实上，这些国家也是利用这种倾向来达到国际资本为其国内目标服务的目的。对于不具有世界货币性质的国家来说，国际资本对本国经济的发展是不可或缺的，而它们对国际资本流动的影响力微乎其微，更多时候要与国际资本的流动倾向相适应。也就是说，这些国家的金融货币政策反映的不是本国经济发展方向，而是拥有世界货币主导权国家的经济发展方向。一旦这些金融货币政策，或者生产力结构、消费结构、劳动力结构的发展方向与国际资本的流动倾向不相适应，它们的货币就会被国际资本无情地抛弃，进而演化为金融和货币危机。因此，由此产生的汇率变动对这些国家而言是不正常的，由此引起的商品价格上涨同样也不正常。

5. 人为因素引起的商品价格上涨

随着西方国家信用货币的世界货币化和经济全球化的持续推进，世界经济一体化趋势越发明显。两种人为因素造成的商品价格上涨也开始成为人们经济生活中的主要价格上涨形式。

（1）与全球经济一体化相伴的必然是全球主要商品价格，特别是基础性商品价格的统一化。而这些全球主要商品的统一定价机制几乎都是通过少数几种具有全球影响力的商品交易来完成的。这些全球性商品竞价既有真正把竞价商品用于生产的产业资本，也有以赚取交易差价为目的的投机资本。产业资本对商品的竞价反映的是现实需求，而投机资本反映的则是未来的预期需求。参与全球竞价的商品基本上都属于基础性商品，这些商品具有不可替代性和供给受限性。当投机资本预测某种商品的未来需求将增长时，那么在增长到来之前，投机资本就会大量囤积这种商品。投机资本大量购买和囤积所造成的供给减少，必然会提前推高该类商品的交易价格。只要商品未来的预期价格高于现实的交易价格，投机资本对现实交易价格的追逐就不会停止，交易价格也会逐步远离现实价格而形成泡沫价格，从而使交易价格只能反映对商品的预期虚拟需求。

与房地产泡沫相同，这种泡沫价格是由投机资本推高的，是建立在虚拟需求基础上的，最终承受者还是最终购买力。但这类泡沫价格对经济体的危害却远大于房地产泡沫，因为房地产泡沫的危害仅限于单一经济体的部分行业，而这类泡沫却几乎危害全球所有行业。

（2）一国的信用货币被赋予世界货币属性后，该国的货币发行基础也就由国内扩展到世界。严格来说，作为世界货币，它的增量发行是世界经济增长和发展所必需的，反过来，世界经济的增长和发展也为其增量发行提供了物质保证。就是说，对于众多不具有世界货币属性的国家来说，无论是其生产发展所需的资本，还是外部需求对出口的推动，抑或是国内实行扩张货币和财政政策，都离不开世界货币的支撑。反过来，这些国家经济规模的扩大又为世界货币的增量发行提供了物质保证。

对于具有世界货币性质的国家来说，其货币和金融政策的影响具有世界性，甚至比在其本国的效力还要大，如美国和中国。美国经济和中国经济具有互补性，有时美国刺激国内需求的货币和财政政策，在中国产生的效力比在美国国内还要大，具体表现为中国出口的激增和美元外汇的持续增加。而事实上，美国之所以敢向其经济体内，严格说是世界经济体内不计后果地注入大量的增量货币，从某种程度来说，与中国具有无穷的生产潜力密切相关。

因此，当具有世界货币性质的国家出现衰退或危机时，它可以通过降低利率、降低资本收益率或直接向其经济体注入大量货币的方法，人为地为本国经济创造外部需求来缓解经济衰退或危机。宽松的货币和财政政策及向经济体大量注入的货币，虽然为全球生产力提供了物质保证，但受消费推动的经济增长模式内在规律的影响，必然会引起以该国货币计价的基础性商品价格的全球性上涨。这种全球性基础性商品价格上涨是由一国引发的，但却要全世界来承担，显然对别国来说是不正常的。

由上述两种人为因素引起价格上涨的商品基本上都是基础性商品，这些商品价格都具有世界性和统一性，因此，它上涨所产生的影响既是世界性的又是全面性的，这不是某个国家的金融货币政策所能解决的。无论你是基础性价格上涨的受益者还是受害者，最终结果都由大家共同承担。对于那些资源匮乏、竞争力又不强的发展中国家来说，国民既要承受价格上涨带来的物价膨胀，又要承受商品价格上涨，特别是原材料价格上涨对本国经济增长的冲击。两者相结合很容易就把这些国家的经济推入另外一种类型的滞胀状态。

这种形式的滞胀与劳动力结构和生产力结构矛盾形成的滞胀是不同的，但它们却是人类经济生活中仅有的两种滞胀状态。

通过上述论述，我们对经济增长模式下由消费推动的商品价格上涨的必然性了解更直观。我们知道，正常的商品价格上涨是消费需求增长的结果，其在整体和结构上的存在状态，反映着消费需求在整体和结构上的增长状态。由于投机资本的存在，这种价格上涨脱离了消费需求，并使生产力的增长也脱离了消费需求的增长。在生产力结构与消费结构的循环运动中，两者相适应是整个循环运动的中心，因此在投机资本的推动下，当商品价格上涨与消费需求增长脱离到一定程度时，或者说泡沫价格膨胀到一定程度时，消费需求就会通过市场的作用，强制要求价格上涨与消费需求增长相适应，并通过商品价格的变动强制要求生产力增长与消费需求的增长相适应。另外，由于外部消费需求的存在，同一经济体内商品价格的上涨并不一定能反映该经济体内消费需求的增长，特别是出口型经济体，严格来说，其商品价格的上涨更多反映的是外部消费需求的增长。因此，在消费推动的经济增长模式下，一国商品价格的上涨不一定是本国消费增长的结果，但却一定反映着本国生产力发展的趋向，即一国商品价格的上涨在结构上的存在状态，反映着一国生产力在结构上的发展方向。

劳动力价格上涨则更为复杂，它是一国生产力增长的结果，反映着一国生产力的发展方向。劳动力价格的上涨在结构上的存在形态，反映着一国经济在结构上的增长状态；劳动力价格的上涨在整体和幅度上的存在形态，则反映着一国整体经济的增长状态和增长幅度。

第四节　出口——来自外部的消费需求

投资、消费和出口是推动经济增长的“三驾马车”，这句话几乎成了人们日常生活的基本常识。严格来说，投资、消费和出口只能是GDP（国内生产总值，即一国或地区一定时期内所生产的全部商品或服务的价值）增长的推动力，说它们是一国经济增长和发展的推动力就会造成表述和用词上的混乱，从而影响人们对经济问题根源上的探究和解决经济问题的选择，更重要的是会影响执政者的决策。

推动经济增长和发展的动力只能是技术和消费，本书前面章节已经论证了。这里需要补充的是，无论是不断满足人们对日益增长的物质和文化需求的社会主义生产目的，还是尽可能多地获取剩余价值的资本主义社会生产目的，最终都是靠消费来实现的。即使是政府投资的大规模公共工程，那也是政府出资（消费）、民众受益。就是说，只有消费才是人类社会生产的目的和动力，推动经济增长和发展的动力只能来源于技术推动的投资增长和消费推动的投资增长。

出口实质上就是一种来自外部的需求，无论这种需求是用于社会再生产的投资需求，还是用于最终消费的消费需求。在一国范围内，一个完整的投资链条或者一个完整的实现价值增值的链条是这样的：投资——提供商品供给，既包括用于再生产的中间商品，也包括最终消费品——消费。如果投资所提供的商品供给用于出口，那么投资链条在国内就是这样的：投资——提供商品供给——出口。这时无论资本投资所供给的商品是用于再生产的中间商品还是最终消费品，其价值增值在国内已全部实现。作为推动经济增长的动力——消费中包括出口，因此我们可以直接说，出口实质上就是外部的消费需求，与经济体内部的消费不同的是，出口来源于外部的消费。

想要计算 GDP 变动和增长的准确数量，需要把投资、消费和出口各自推动经济增长的部分单独列出，同样地，要论述推动经济增长和发展的动力来源，除了技术推动的投资，还要把出口纳入消费之中。如果不把出口纳入由消费推动的投资之中，那么无论是战后发展中国家的兴起和发展、20 世纪五六十年代发展中国家进口替代型经济发展战略的失败、20 世纪八九十年代出口导向型经济发展战略的成功，还是发达国家与发展中国家之间“剪刀差”的形成，甚至是始于20 世纪70 年代的西方发达国家世界范围内的社会生产力转移，都是无法解释清楚的。

第五章

消费结构及其演化过程

第一节 消费结构的层级划分

在生产力结构与消费结构之间的循环运动过程中，生产力结构的存在形态起决定性作用，消费结构的存在形态起制约性作用，消费结构是居于中心的，生产力结构与消费结构之间的循环运动实质上就是生产力结构不断与消费结构相适应的过程，什么样的消费结构就要有什么样的生产力结构与之相适应。

随着技术向深度和广度的普及、经济体系自身的扩张、产业协调性的加强，社会再生产或再再生产在经济生活中普遍出现，由此创造的大量中间产品极大地延长了由资本购买力产生购买行为而形成的资本购买力链条。比如，从采矿厂、炼钢厂、机械厂到汽车制造厂、汽车销售商，它们之间产生的购买行为形成了资本购买力链。这个链条越长，消费（最终购买力）对链条上游的商品运动的影响就越小，甚至微乎其微。但长期来看，无论是资本购买力链条上游还是下游，最终都要由消费决定。这就是消费结构的魅力所在。

消费结构的存在形态可分为世界范围内消费结构的存在形态和一国范围内消费结构的存在形态。

就世界范围而言，各国所处的发展阶段不同，由此形成的消费层级也不同；就单一经济体而言，由于社会分工和劳动能力的不同，人们以报酬形式获取的收入也是不同的，由此也就形成了一国范围内不同的消费层级。

就世界范围而言，我们把处于不同发展阶段的各国划分成以下三种消费层级：

（1）高层级消费阶段的国家，主要指那些西方发达资本主义国家，这些国家的整体社会购买力基本上属于高层级或较高层级的消费，处于较低消费层级的群体数量极少。

（2）中层级消费阶段的国家，主要指那些相对富裕的发展中国家，这些国家的整体社会购买力基本上处于从低层级消费阶段向高层级消费阶段过渡中，处于较低消费阶层的群体占很大比例。

（3）低层级消费阶段的国家，主要指那些相对贫穷的发展中国家，这些国家的整体社会购买力基本上属于低层级的消费，处于较高消费层级的群体所占比例不大。

就一国而言，我们根据收入分配的不同，把消费划分成以下几个层级：

（1）低层级的消费阶层。这是个基本上什么都买不起的阶层，靠微薄的收入或救济勉强度日。

（2）较低层级的消费阶层。这个消费阶层的居民收入剩余不多、储蓄较少或基本上没有储蓄或金融资产，收入的很大比例用于维持日常生活，基本上能够维持温饱。

（3）中层级的消费阶层。这个消费阶层的居民收入剩余较多，有较多的储蓄或金融资产，收入用于维持日常生活的比例较少，家中工业品种类繁多，但档次较低。

（4）较高层级的消费阶层。这个消费层级的居民收入较高，有高额储蓄或金融资产，收入用以维持日常生活的比例微乎其微，家中工艺品种类繁多且档次较高。

（5）高层级的消费阶层。属于这个消费阶层的居民收入很高，有高额储蓄或金融资产，是一个基本上什么都买得起的阶层，但有时也会受到一定限制。

（6）超高消费阶层。这是一个基本上什么都买得起的阶层。

人类社会的发展过程实质上就是消费结构升级演化的过程。就一国而言，无论是高消费层级的国家还是低消费层级的国家，其消费结构的升级演化过程都表现为社会消费能力逐步增长，低消费阶层人数减少、高消费阶层人数增加的过程，也是从低层级消费阶段、中层级消费阶段到高层级消费阶段的层级式、渐进式升级演化过程。在这一过程中，任何一个较高消费层级都是较低消费层级居民累积消费能力和居民消费结构升级的结果。以下三种经济现象能体现这一过程中的显著特点：

一是由消费增长所引起的消费结构的变化，一方面可以让大批能适应新增消费需求的企业再生或建立，另一方面可以让大批不能适应的企业转产或破产；二是能适应新增消费需求的商品和服务会大量涌现，而那些不能适应的则会逐渐被淘汰；三是以市场上相对价格的大范围小幅度的变化为特征的商品价格之间的比价调整行为。

但如果社会因长期的收入分配不公、腐败或不平等竞争而出现消费断层，即被上一个消费阶层淘汰的商品，对下一消费阶层来说仍是奢侈品时，经济体就会产生马克思经济学说所说的“生产相对过剩”，阻碍商品或产业淘汰过程。消费断层打断了消费结构的层级式上升过程，不仅使产业结构的调整无法实现，还会造成社会资源的巨大浪费和生产力结构的极大破坏。

在世界消费结构发展演化过程中，单一经济体的演化过程是世界经济体演化过程的基础和组成部分，世界经济体的演化过程实质上也是单一经济体演化过程的集中体现。就世界范围而言，各国消费结构的存在形态在各阶段（低、中、高消费层级）中是不同的，这就决定了无论是生产力结构、劳动力结构还是经济体中的主要矛盾，其演化过程和表现形式都是不同的。就一国而言，任何一国的发展过程都不是孤立的，而是世界各国相互影响产生的结果。对于已经实现了高层级消费的西方发达国家和尚处于低层级消费阶段的发展中国家来说，无论是起始点、过程还是现实状态，各自经济发展所处的世界环境，严格说世界总体消费结构的存在形态是完全不同的。也就是说，即使在相同阶段，由于所处的世界环境不同，两者的生产力结构、劳动力结构及经济体自身矛盾的演化过程和表现形式都是不同的。因此，对消费结构的发展演化过程进行全面论述时，只能以世界范围内消费结构的发展演化过程为基础，对西方发达国家和发展中国家消费结构的发展演化过程进行分别论述。

在这一过程中，西方国家消费结构的发展演化过程始终先于发展中国家消费结构的发展演化过程，也就是西方国家消费结构向高层级化演化并将逐步淘汰的商品和生产力向发展中国家转移的过程，可见，西方国家消费结构的存在形态和发展趋势始终制约和影响着发展中国家。

第二节　低层级消费结构

低层级消费阶段是一国经济兴起和发展的初始阶段，在这一阶段，居民消费大多处于较低层级。消费层级低、消费需求不足是这一阶段经济活动的基本特征。在这一阶段，经济体自身的消费需求不足以推动经济兴起和发展（在“消费推动的经济增长”一节中已经论述过），推动经济兴起和发展的动力只有以下两种：一是技术推动（这种在低层级消费阶段由技术推动经济兴起和发展的模式在本书中被称为发达国家的兴起模式）；二是外部经济体的消费需求推动（这种在低层级消费阶段由消费推动经济兴起和发展的模式在本书中被称为发展中国家的兴起模式）。

一、发达国家的消费结构在低层级消费阶段的演化过程

对西方国家而言，低层级消费阶段大致是从资本主义兴起到第二次世界大战结束的这段时期，在这一时期，整个世界都处于低层级消费阶

段，经济的兴起和发展既不能依靠外部经济体的消费需求来推动，也无法依靠自身经济体的消费需求来推动，只能依靠由技术推动的资本投资增长来推动。

技术的发明和创新及充足的资本，是技术推动的资本投资行为产生的前提和条件。资本主义列强通过对外殖民掠夺和对内压榨完成了资本主义经济兴起和发展所需的资本积累，持续不断的技术发明和技术创新及由此形成的两次大的技术革命，为资本主义经济兴起和发展提供了源源不断的动力。技术革命的出现和资本积累的完成使资本主义经济具备了兴起和发展的基础和条件，在技术革命和资本积累的共同作用下，资本主义经济蓬勃发展，由技术推动的资本投资成为驱动资本主义经济兴起和发展的最基本、最主要的动力。

由技术推动的资本投资所提供的商品供给本身就能创造自身的消费需求，社会总消费需求只决定供给所创造的需求的大小，却不能决定供给本身，也就是说，由技术推动的供给型经济增长是由供给决定的而不是消费决定的。随着新技术革命向深度和广度的发展，资本主义工业体系得到了扩张，工业协调性得到了加强，社会再生产或再再生产的出现极大地延长了资本购买力链条，使技术与资本更紧密地联系在一起，这也使消费对经济的增长作用越来越弱化。比如，从采矿厂、炼钢厂、机械厂、汽车制造厂再到汽车销售商，这些购买行为形成的购买力链条属于资本购买力性质而非社会最终购买力，即消费性质。大量中间商品的出现，使处于资本购买力末端的汽车制造厂的任何一次扩张都可能引起上游产品的相应扩张，这种资本购买力链条越长，经济增长受消费需求的制约就越弱。

技术推动的资本投资在经济增长中所处的主导地位和资本购买力链条极大延伸所形成的消费需求对经济增长的制约性，共同决定了以最终购买力形式存在的消费在经济增长中的弱势地位。还有一个不容忽视的事实是，资本主义经济兴起和发展阶段，也是家族式资本盛行的时期，遍布城乡的各类资本所有者通过对剩余价值的剥夺和占有，形成了高消费阶层，技术性商品供给所创造的自身消费需求，在初级阶段基本上都来源于这一阶层的消费需求，这也在一定程度上弱化了普通阶层消费需求的作用。

在社会总购买力中，资本购买力（主要是由技术带动的资本购买力）对经济增长的推动作用远远大于消费。在经济活动中，资本购买力是普遍性的、居于主导地位的购买力，是经济增长的主导推动力；消费是辅助性的、居于弱势地位的购买力，是经济增长的辅助推动力。也就是说，在当时的经济活动中，技术居于决定性地位，资本居于统治性地位。

资本的统治地位和资本的逐利本性使社会收入分配政策更倾向于资本购买力的形成，从而削弱消费的形成，使本就处于低水平的消费增长更趋于困难，在社会购买力的累积中，资本购买力的积累要远大于消费。消费需求不足也就成了当时经济生活中最基本的特征。

虽然由技术推动的供给型经济增长能创造自身的消费需求，但以最终购买力形式存在的消费需求，才能最终决定供给所创造的消费需求数量。也就是说，在商品供给未能满足本身所创造的消费需求前，资本投资增长具有无限扩大的趋势，一旦供给超过自身所创造的消费需求或不再具有创造消费需求的能力时，供给或者说资本投资的增长就要受到消费的制约。也就是说，在消费需求不足时，消费对资本投资增长的制约作用弱化了由技术推动的供给型经济增长模式下，商品供给因超过供给本身创造的消费需求而常常处于过剩状态是一种经常性的经济现象。而一旦供给不再具有创造自己消费需求的能力积累到一定程度，整个资本购买力链条就会突然中断，即经济体爆发生产过剩的经济危机。这也是在以技术为主要推动力的供给型经济增长模式下，经济危机总是突然爆发且具有周期性的原因。另外，资本购买力链条的延长虽弱化了消费对资本投资的影响，但从长期来看，资本投资的实现还要由处于链条末端的社会最终购买力决定。

这时，经济体中就产生了如下矛盾：一方面，资本在经济生活中的统治地位使它在收入分配中也处于统治地位，资本利用这一地位，通过占有新增价值来销蚀社会最终购买力，从而使消费表现为经常性的需求不足。另一方面，在资本购买力居主导的经济增长模式下，资本的逐利性很容易使资本投资出现高涨性和无序性的状态。生产无限扩大与有支付能力需求的矛盾、个别生产的有组织性与社会生产的无政府状态的矛盾是这一状态的表现形式。没有社会最终购买力作支撑，在供给超过其自身所创造的消费需求时，资本投资的高涨性和无序性常常会突然陷入停顿。这种突然停顿会通过资本购买力链条迅速传遍整个经济体，从而使经济体资本价值增值突然停止，即爆发资本主义经济危机。

资本对新增价值的剥夺和占有与资本价值增值实现的矛盾，即马克思主义政治经济学说中所说的“生产资料私有制与生产社会化之间的矛盾”。它构成了资本主义社会的基本矛盾，是资本主义经济体中所有主要经济矛盾的根源，特别是生产与消费之间的矛盾，经济增长越快，矛盾累积就越深；经济越发高涨，矛盾就越发尖锐，当矛盾过于激化时，就会以突然爆发的经济危机的形式表现出来。经济危机也就成了资本主义兴起和发展时期的主要经济现象，且是低层级消费阶段以技术为主要推动力的供给型经济增长模式下经常性的经济现象，具有明显的周期性。

经济危机本质上是经济体通过内部机制，即生产力结构与消费结构之间的循环运动强制要求彼此相适应而产生的经济现象，严格地说，它是以技术为主要推动力的经济体中最基本、最主要的经济现象（这一提法，并不影响马克思关于经济危机根源的论述，恰恰是对马克思关于经济危机根源论述的解释）。经济危机有两种不同的表现形式：一是在技术革命过程中发生的经济危机；二是在技术革命过程中所创造的新技术已基本普及或技术革命接近尾声时发生的危机。

在技术革命过程中发生经济危机，由于革命中所创造的新技术尚未普及或技术增长尚在持续，因此在技术推动的资本投资的重新带动下，危机过后经济能迅速恢复和发展起来。这种形式的经济危机在爆发前，资本往往是紧张的，爆发时也不具有世界性和统一性。

在技术革命过程中所创造的新技术已基本普及或技术革命接近尾声的情况下发生经济危机，由于革命中所创造的新技术已经普及或技术增长已趋于停止，因此资本对技术的投资会受阻，技术与资本很难结合。危机过后的经济体失去了维持其增长和恢复的动力，经济的恢复会更加困难，经济危机引起的灾难会更加深重。这种形式的经济危机在爆发前，资本往往是充足的，爆发时具有世界性和统一性。

经济危机引发的灾难会很快影响整个社会，并一次次撞击着资本主义社会体制。生产，或者说为过剩商品开拓市场成了当时整个资本主义社会的核心问题；无论国内竞争还是国际竞争，都是围绕商品抢夺和占有市场而展开的。在这一阶段，消费因其在经济活动中所处的弱势地位而被忽略，消费结构的演化过程也就表现为被动的和简单的消费增长过程，其复杂性和对整体经济活动的推动作用也尚未体现。

消费结构的存在形态不能适应生产力结构的存在形态，正如马克思说的，劳动人民有支付能力需求的缩小与生产无限扩大的矛盾，是西方发达国家消费结构在低层级消费阶段演化过程中的主要矛盾，经济危机就是这一矛盾不可调和的表现形式。

二、发展中国家的消费结构在低层级消费阶段的演化过程

当发展中国家摆脱殖民地或半殖民地状态获得独立并开始进行经济建设时，发达资本主义国家已经完成了从低层级消费阶段向中层级消费阶段的过渡，其经济的发达程度，特别是技术上的发达程度已处在发展中国家无法超越的地位。技术上的落后和消费需求的不足是发展中国家经济兴起和发展阶段的基本经济特征，显然，发展中国家既不具有技术推动资本投资增长的基础和条件，也不具有消费推动资本投资增长所需的消费需求，只能依赖外部经济体，即西方资本主义国家的消费需求来推动。所以说，西方发达资本主义国家的消费需求是推动发展中国家经济兴起和发展的最基本、最主要的动力来源。20 世纪五六十年代发展中国家进口替代型经济发展战略的失败和 20 世纪七八十年代发展中国家出口导向型经济发展战略的成功，根本原因皆在此。

20 世纪五六十年代，那些已获得独立的发展中国家为摆脱经济上对西方发达国家的依赖，建立独立的国民经济体系来发展本国经济，基本上都以进口替代型经济增长模式为主。在当时的条件下，这种试图依靠自身的力量来实现经济兴起和发展的战略受到诸多限制。首先，严重的资本短缺和落后的技术水平难以使技术与资本相结合，也就不足以形成技术推动的资本投资作为推动经济增长的动力。其次，低层级的消费结构同样也不足以形成消费推动的资本投资作为推动经济增长的动力。也就是说，这时的经济体既不具备产生技术推动经济增长的因素，也不具备产生消费推动经济增长的因素，所以从开始就注定是要失败的。到了七八十年代，发展中国家已经认识到了这一战略的缺陷，但对当时的发展中国家来说，这个战略是无奈之举。当时西方发达国家由技术推动

的劳动力价格上涨尚未达到其临界线，由此引起的生产力结构与劳动力结构的矛盾、劳动力结构与消费结构的矛盾还未形成，经济体内生产力向外部转移的条件还未成熟。因此对发展中国家来说，除了这个战略几乎没有其他路可走。

20 世纪七八十年代，出口导向型经济增长模式开始在发展中国家流行，并逐渐取代进口替代型经济增长模式成为发展中国家的经济发展战略。与进口替代型经济增长模式不同，这种模式主要把西方发达国家的消费需求作为推动发展中国家经济兴起和发展的动力，或者说，西方国家的消费需求是发展中国家消费结构发展演化的动力来源。这一发展战略的顺利成型还得益于当时的西方发达国家出现的两种矛盾：一是由技术推动的劳动力价格上涨达到其临界线而引起生产力结构与劳动力结构之间的矛盾；二是由劳动力价格上涨所推动的经济体内比价调整而引起的生产力结构与消费结构之间的矛盾。要解决这两种矛盾，就要把众多低附加值行业淘汰出经济体。但这些被淘汰行业所生产的商品又是西方发达国家居民日常不可或缺的生活必需品，因此，把这些行业转移到劳动力价格低廉的发展中国家进行生产就成为一种必然趋势。发展中国家正是顺应了这一趋势，才使出口导向型经济增长模式得以成型。我们把这种模式称为发展中国家的兴起模式。到了 20 世纪 90 年代，很多发展中国家依靠这种模式实现了经济的兴起和发展。

在当时的国际大环境下，发展中国家要想在低层级化的消费结构基础上实现经济的兴起和发展，除出口导向型经济增长模式外，已没有其他可供选择的模式了。

总之，在低层级消费阶段，无论哪种模式，经济的增长都是以消费结构的升级演化为前提，其本质上也是消费结构的升级演化过程。在这一阶段，消费结构的升级演化过程因消费处于弱势地位而表现为被动的和简单的消费增长过程，与之相适应的是，作为推动消费结构升级演化的动力——生产力结构的升级演化过程也就表现为主动和被制约。消费结构的升级演化过程是通过生产力结构的升级演化过程表现出来的。

第三节　中层级消费结构

中层级消费阶段是消费结构由低层级消费阶段向高层级消费阶段演化的过渡阶段。它是低层级消费阶段经济体中主要矛盾缓和、转化的结果，没有低层级消费阶段经济体主要矛盾的缓和、转化，就无法实现由低层级消费阶段向中层级消费阶段的演化。就是说，低层级消费阶段经济体主要矛盾的缓和、转化是实现由低层级消费阶段向中层级消费阶段演化的前提条件。

中层级消费阶段是消费结构由中层级消费阶段向高层级消费阶段演化的基础。在这一阶段，消费结构的演化既要剔除构成低层级消费阶段经济体的各主要要素，包括生产力结构、劳动力结构及经济体主要矛盾在低层级消费阶段的特征，又要创造向高层级消费阶段演化必需的、构成中层级消费阶段经济体各主要要素的基础。相对于低层级消费阶段，消费结构在这一阶段的演化既剧烈又复杂，必然要从生产力结构、劳动力结构及经济体主要矛盾的演化过程中体现出来。

一、西方国家消费结构在中层级消费阶段的演化过程

就西方发达国家而言，中层级消费阶段还是由以技术为主要推动力的供给型经济增长模式演化为以技术和消费共同为推动力的混合型经济增长模式的阶段。这一阶段从第二次世界大战结束一直持续到20世纪80年代中期。

低层级消费阶段经济体主要矛盾的缓和、转化，是西方发达国家消费结构由低层级消费阶段迈向中层级消费阶段的标志。

技术推动的资本投资增长所具有的生产无限扩大的特性与有支付能力的消费需求之间的矛盾、个别生产的有组织性与社会生产的无政府状态之间的矛盾是低层级消费阶段西方发达国家经济生活中的主要矛盾。当矛盾激化时，矛盾总是以经济危机的形式表现出来，随着经济的增长和经济体规模的扩大，经济危机的深度和破坏程度也就越来越深。消费需求不足或消费结构的存在形态不仅严重地阻碍了社会生产力的增长，还严重破坏了整个社会的秩序。也就是说，生产关系对生产力的制约已经到了非破不可的地步，两次世界大战的发生与同时期两次严重的经济危机有着紧密的因果关系。

二战过后，资本主义各国政府已经认识到了消费需求不足的严重性。由消费需求不足而引发的严重社会问题正威胁着资本主义制度的存在，解决这个问题已成为关系资本主义制度存亡的关键。为挽救濒临死亡的资本主义制度，各国政府纷纷着手从政策上消除或转化消费需求不足的状况。战后兴起的凯恩斯经济学理论和第三次技术革命为这些政策的实行提供了理论依据和物质基础。

1. 财政政策

财政政策倾向于消费形成政策，在改变消费需求的不足方面，财政

政策最直接也最具效力。二战后，资本主义国家纷纷引入财政政策干预经济，并通过立法使财政赤字合法化。但在当时，政府想实施财政政策必须首先废除以黄金为本位的货币制度，于是，战后的资本主义国家纷纷抛弃金本位制，将纸币作为各国的法定货币，货币的发行权也不再受制于黄金数量。信用货币的确立使政府以货币为媒介，取得了调控经济活动的主导地位，也奠定了政府引入财政政策进行宏观管理的货币基础。用不可兑现的信用货币取代可兑现货币为政府干预经济奠定了基础，实现了由以混乱、无序竞争为特性的旧式经济向以有序的、可调控的竞争为特性的现代经济的转换。

2. 消费需求

消费需求不足的一个根本原因是资本在经济活动中的统治地位使它在收入分配中占据了多数，因此，要改变消费需求不足的状态，就必须改变资本在收入分配中的统治地位。二战后，资本主义国家对劳工政策进行了革新，逐步取消了对工会组织的限制，使工会组织获得了迅速发展并成为决定社会收入分配中的一支重要力量。资本在社会收入分配中的统治地位被削弱，为消费需求的直接增长提供了可能。

3. 技术发展

二战后，以核能为标志，以新能源、新材料发明和应用为基本特征的第三次工业革命是人类历史上规模最大、最集中的一次工业技术革命。在此过程中兴起和发展起来的众多新兴行业，使资本主义经济体系获得了空前扩张，新行业创造的就业机会也成倍增长，对劳动力的吸纳也是直接的、持久的。另外，因为技术领域所创造的商品和服务的附加值较高，加上对劳动力技术水平的要求也高，所以劳动者的劳动报酬高于其他行业，增长较快。由此，第三次工业革命的发生使社会消费量实现了更快的增长。

上述社会变革和第三次工业革命的发生直接、持久地改变了西方发达国家消费需求不足的现状，使社会消费实现了普遍的、持久的增长。这种增长不仅直接缓和了生产与消费之间的矛盾，还改变了消费结构的存在形态，西方发达国家的消费结构开始由低层级消费阶段向中层级消费阶段过渡。

消费结构的变动必然要求生产力结构发生相应的变动。普遍、持续的战后消费需求增长使资本主义经济规模在快速扩大的同时，也为由技术推动的资本主义经济体系的扩张创造了更多的消费需求。由消费推动的资本投资对经济的驱动作用越发明显，消费推动的生产力增长与技术推动的生产力增长受技术发明和技术创新的制约不同，只要存在消费需求增长，由消费推动的生产力的增长就是存在的。也就是说，由技术推动的资本投资增长受制于技术发明和创新，由消费推动的资本投资增长与消费需求增长是同步的。随着消费增长和消费结构由低层级阶段向中层级阶段升级、演化，由消费推动的资本投资逐渐演化为推动经济增长的主要动力，并在经济体中逐步取得与技术推动的资本投资的相同地位，这两者共同成为推动经济增长的主要动力。生产力结构的这种变动直接地改变了经济在低层级消费阶段主要由技术推动的经济增长模式。在消费结构变动的推动下，西方发达国家的经济增长开始由供给型经济增长阶段向混合型经济增长阶段演化。

在单独以技术为主要推动力的经济增长模式下，技术性商品供给能够创造自身消费需求的性质和资本逐利性，决定了资本对技术性商品的投资具有无限扩大的特性，这一特性常常使供给生产超越由它自身创造的消费需求而突然爆发经济危机。但在消费和技术共同为主要推动力的经济增长模式下，由技术推动的经济增长部分突然停滞而使其处于危机状态，而由消费推动的经济增长部分却依然持续着。这时，经济体总体上并不表现为增长的突然停滞或陷入危机，这就改变了单独由技术推动的经济增长模式下经济危机对整个经济体的破坏力，无论是深度还是广度都大大降低了。随着消费的持续增长和消费结构的升级演化，经济危机对经济体的破坏力越发微不足道，但经济危机产生的根源——资本主义生产资料私有制与生产社会化之间的基本矛盾仍然存在，在以消费为主要推动力的中层级消费阶段，它被另一种经济现象——通货膨胀所取代，并成为西方发达经济体中的主要经济问题。虽然经济爆发危机的根源仍然存在，但使它生根发芽并茁壮成长的经济气候却已荡然无存，经济危机也不再是阻碍资本主义经济发展的主要问题。

战后，由技术推动的资本主义经济体系的扩张和由消费推动的资本主义经济规模的扩大，促使社会劳动力在三大产业之间及内部发生了大规模的转移。这种转移是以社会收入分配的增长为前提和结果的，表现为从低收入行业向高收入行业的转移过程，反映在消费上就是逐步缩小低层级消费人数、增加高层级消费人数的过程。也可以说，这一过程就是消费增长和消费结构向高层级升级演化的过程，从而促进能适应新增消费需求的商品和服务的兴起和发展，并把大量不能适应的商品和服务淘汰出经济体。相应地，整个社会的商品、服务价格也进行了大范围、小幅度调整，且这种调整在消费推动的经济增长模式下是时刻进行着的。它是消费推动的经济增长模式下的一种基本经济现象，随着消费结构演化向深度和广度的持续，这种比价之间的组合和调整越来越表现为促进众多行业或企业的兴起和发展，并把不适应的行业、企业淘汰出经济体。

在消费结构的升级演化过程中，被高层级消费结构淘汰的行业基本上可分为如下两类：一类是直接被高层级消费淘汰出经济体的行业。这类行业所供给的商品或服务基本上属于低档次或过时的商品，在消费结构趋向于高层级的演化过程中，将会被剔除在社会消费需求之外，从而被“悄无声息”地淘汰出经济体。这是一种自然淘汰过程，其对经济发展产生的影响微乎其微，比如一些手工业作坊。因此，这类行业或企业的淘汰过程不是本书所要探讨的内容。

另一类是通过比价调整而被淘汰出经济体的行业。这类行业基本上都属于技术成熟且商品附加值较低的行业，其被淘汰的原因并非其所供给的商品不再适应新的消费需求，而基本上都属于家庭不可或缺的日常用品或社会生活必需品。这类行业被淘汰是因为行业本身不能承受由消费结构的升级演化所推动的比价调整。

比价调整是经济体各要素在消费结构演化的作用下相互影响的结果，对中层级消费阶段发展进程的影响是全面的、持久的。在这个过程中，消费结构对经济体产生的影响是通过比价调整体现出来的，而比价调整正是通过把众多低附加值行业淘汰出经济体的方式对经济体产生影响。也就是说，西方发达国家的消费结构在中层级消费阶段的升级演化过程主要通过比价调整，把众多低附加值行业淘汰出经济体的过程体现出来。

战后，由技术推动的资本主义经济体系的扩张和由消费推动的经济规模的扩大为劳动力在三大产业之间及产业内部的转移提供了物质保证和价值再分配的基础。由第三次工业革命催生的新技术行业，由于其所创造的商品附加值较高，对劳动力技术水平的要求也较高，因此这些行业的劳动报酬也比其他行业高，增长也较快，进而扩大了新技术行业与其他行业之间的收入差距。

由经济体系扩张和经济规模扩大所创造的劳动力就业量增长及行业间的劳动力转移，收入差距的扩大，促使社会劳动力在行业间及行业内部产生了大规模转移，众多社会劳动力从农业向工业和第三产业转移，从低收入行业向高收入行业转移。无论是行业间的劳动力转移，还是行业内部的劳动力转移，都表现为从低附加值行业向高附加值行业的转移过程，都是以劳动报酬的形式取得收入增长为前提和结果的。

与在低层级消费阶段被动地以养家糊口为主要目的的劳动力转移不同，这种以劳动报酬为主要形式的劳动力在各行业间的大规模转移直接拉高了社会平均收入水平。当技术推动的资本投资对劳动力的吸纳达到某一临界点时，在各产业之间必然会出现劳动力价格引起的比价调整。在劳动力转移过程中，那些技术相对成熟的、不具备为收入增长而提供价值再分配基础的低附加值行业，必然会因劳动报酬相对较低出现劳动力流失和短缺，特别是农业和劳动密集型行业。但这种劳动力短缺是相对的，与发展中国家来自外部消费需求推动的生产力增长下的劳动力短缺是不同的。后者表现为一旦社会劳动力价格达到饱和，临界点就会出现；前者表现为随着经济体的技术化，社会劳动力倾向于选择在新增价值高、收入高的技术性行业就业，而对于那些低附加值行业则是宁愿失业也不愿意就业。这时临界点才会出现，也就是由技术推动的劳动力价格上涨一旦达到某临界点，经济体内生产力结构与劳动力结构之间的矛盾也就产生了。

在技术性行业对劳动力的吸纳和高劳动报酬的带动下，劳动力短缺必然促使从事低附加值行业的劳动力要求提高劳动报酬。但由于这些行业生产的商品附加值较低，所创造的用于价值再分配的新增价值较少，劳动力价格上涨的空间有限，因此，劳动力价格的上涨必然要对资本的价值增值产生冲击。对生产商来说，要缓解劳动力价格上涨对利润的冲击，要么退出该生产领域，要么提高商品的价格。另外，技术性行业的高附加值给资本带来的高收益，也直接提高了经济体平均资本收益率。

对那些低附加值行业来说，除了提高商品价格几乎没有其他提高资本收益率的途径。但由于这些商品基本都属于日常不可或缺的必需品，因此无论是减少商品供给还是直接提高商品的价格，在消费不增长的情况下，最终都会促使商品价格持续上涨。这时经济体就产生了一种新的矛盾，即消费结构与生产力结构之间的矛盾，这种矛盾与由劳动力价格上涨引起的比价调整相关。

这种类型的商品价格上涨与社会购买力，与投资形式存在的资本购买力或消费形式存在的最终购买力都没有直接关系，它是由技术推动的劳动力价格上涨达到某一临界线时，劳动力结构与生产力结构矛盾衍生的生产力结构不能适应消费结构的结果，主要表现为不能适应消费结构趋向于高层级演化的低附加值行业被要求淘汰出经济体，但这些行业所供给的社会日常生活必需品又有很强的存在性，这两者间的矛盾就引起了比价调整。

在之前的资本主义经济发展历程中，经济的增长主要是由技术推动的，在这种模式下，商品价格高度稳定，除了人为、自然原因引起的物价上涨外，经济活动几乎不受物价上涨的影响。在消费上升为推动经济增长的主要动力后，商品价格的上涨首次成为经济生活常态，而比价调整引起的商品价格上涨更是一种新的经济现象。事实上，这种价格上涨对资本主义经济在中层级消费阶段发展进程的影响不仅是全面的、持久的，还是决定性的。

由劳动力结构与生产力结构之间的矛盾而引起的比价调整是消费结构向高层级消费阶段演化所必然要经历的价格调整行为，是一种正常的比价调整现象。这种比价调整引起的价格上涨虽与消费需求的变动（增长）无直接因果关系，但它却是消费结构向高层级消费阶段升级演化所推动的劳动力结构与生产力结构之间矛盾的必然结果。

上述因素的存在使比价调整引起的物价上涨与消费需求增长引起的物价上涨混淆在一起，并使比价调整引起的物价上涨至今仍被误认为是由消费需求引起的。

当这两种物价上涨同步发生时，经济体就会形成整体的、普遍的物价上涨，即通货膨胀。当这种劳动力结构与生产力结构产生矛盾引起比价调整为主的物价上涨以及消费结构不能适应生产力结构引起经济停滞（经济危机在这一阶段已不再被称为危机，而是被称为衰退或停滞了）时，经济体就会出现物价上涨与经济停滞并存的经济现象，即停滞性通货膨胀——简称“滞胀”。

滞胀是经济体在消费结构升级演化作用下产生的两种矛盾的结果，两种矛盾即劳动力结构与生产力结构之间的矛盾或者说由其衍生的消费结构与生产力结构之间的矛盾（矛盾表现为生产力结构不能适应消费结构），和技术推动的经济增长模式下消费结构与生产力结构之间的矛盾（矛盾表现为消费结构不能适应生产力结构）。这两种矛盾相互影响，就形成了资本主义经济在混合型经济增长阶段特有的经济现象。

如果滞胀产生时，新技术革命尚未结束，或者说，在技术革命过程中所创造的新技术尚未普及或技术增长尚在持续，那么引发滞胀的、由技术推动的资本投资停滞就不会持续太久，甚至会在技术的重新推动下再次高涨起来。这时，滞胀的影响可以说微乎其微。如果滞胀产生时，新技术革命已接近尾声，或者说新技术已普及或技术增长已趋于停滞，那么引发滞胀产生的、由技术推动的资本投资的停滞就会持续，滞胀也会因此处于持续状态。滞胀对整个经济体的影响是持续的、全面的，已成为阻碍资本主义经济发展的一个巨大障碍。

始于20世纪70年代初期，一直持续到80年代的严重滞胀就是在战后兴起的第三次工业革命尾声的背景下产生的。这场持续近十年的滞胀成为影响资本主义经济活动的首要问题。

缓解或转化劳动力结构与生产力结构的矛盾及其衍生的生产力结构不能适应消费结构之间的矛盾，不仅是解决滞胀问题的关键，而且也是实现消费结构由中层级消费阶段向高层级消费阶段升级演化的关键。

财政政策和货币政策是政府调控、解决经济问题的两种最基本、最主要政策。但无论是倾向于资本形成的货币政策还是倾向于消费形成的财政政策，它们对缓解或转化劳动力结构与生产力结构之间的矛盾和生产力结构不能适应消费结构之间的矛盾，以及解决由这两种矛盾引发的滞胀问题都是无能为力的。

劳动力结构与生产力结构之间的矛盾及其衍生的生产力结构不能适应消费结构之间的矛盾，主要表现为：经济体中的低附加值行业，特别是需要大量劳动力的低附加值行业因不能适应生产力结构普遍技术化的发展趋势而被淘汰出经济体，而这些行业所供给的商品又属于社会日常生活必需品，这两者间具有很强的存在性矛盾。因此，解决这两种矛盾的关键在于要解决低附加值行业的存在性，即既要把低附加值行业淘汰出经济体，又要保证这些行业所产生的商品供给。

显然，在同一经济体内，无法解决劳动力结构与生产力结构之间和生产力结构不能适应消费结构之间的矛盾及由这两种矛盾而引发的滞胀问题。只有把升级的消费需求建立在世界范围内的生产基础之上，才能解决这两种矛盾及相关的滞胀问题。通过资本对外直接投资的方式把经济体中的低附加值行业，特别是需要大量劳动力的低附加值行业转移到拥有廉价劳动力的发展中国家，就成了当时西方国家解决这个问题的唯一途径。

无论是把低附加值行业转移出去，还是满足国内消费对这些行业所产生商品的需求，都是以大规模的国际资本运动为前提。这类运动只有在以管理纸币为本位的世界货币体系下才能够实现，特别是以生产力转移为目的的成规模国际化资本运动（注：这些后面章节中有详述）。

因此，对西方国家来说，通过对外直接投资的方式把低附加值行业转移出去而又能保证满足国内消费对这些行业所产生商品的需求，就必须打破当时的国际金融货币体系，即布雷顿森林体系。

当时以美元为中心的布雷顿森林体系已严重阻碍了西方国家信用货币的国际化资本运动。对美国来说，虽然美元在布雷顿森林体系中是作为唯一的世界货币而存在的，但由于美元仍负有对外承兑黄金的义务，因此它的存在也制约着美元的大规模国际化资本运动。事实上，也正是因为布雷顿森林体系限制了西方主要资本主义国家特别是美国资本的对外扩张，特别是以生产力转移为目的的对外资本扩张，才导致这一国际金融货币体系彻底崩溃。

布雷顿森林体系崩溃后，德、日、英、法等西方国家的信用货币，即纯纸币，利用生产力对外转移实现了资本扩张并使其本国信用货币与美元一样，被赋予了世界货币的职能。西方国家以管理纸币为本位的信用货币实现了世界货币化。

西方国家信用货币的世界货币化既为西方国家社会生产力在世界范围内的转移提供了必需的国际资本，又使西方国家具有了在世界范围内满足国内消费需求所必需的国际支付能力。也就是说，通过社会生产力在世界范围内的转移，西方国家具备了解决劳动力结构与生产力结构之间的矛盾和生产力结构不能适应消费结构之间的矛盾及相关滞胀问题所需的全部条件。而这一时期，广大发展中国家因进口替代型经济发展战略失败而向出口导向型经济发展战略转变。于是 20 世纪七八十年代，西方国家掀起了一股经济结构调整浪潮。

到 20 世纪 90 年代，这种建立在消费差异、劳动力差异及技术差异基础上的社会生产力转移和扩张基本完成。通过资本对外直接投资，西方国家把众多低附加值的行业特别是需要大量劳动力的低附加值行业转移到了拥有大量劳动力的发展中国家，其经济体中劳动力结构与生产力结构之间的矛盾和生产力结构不能适应消费结构之间的矛盾及相关滞胀问题也随之消除。

因此，西方国家经济结构出现了如下特征：一是生产力结构的技术化，这种技术化的生产力结构建立在世界范围内的消费基础上。二是消费结构的高层级化，这种高层级化的消费结构同样也是建立在世界范围内的生产基础上。这两个特征不仅标志着西方国家的消费结构由中层级消费阶段迈向了高层级消费阶段，还标志着经济全球化时代的到来。

二、发展中国家消费结构在中层级消费阶段的演化过程

与西方发达国家一样，在中层级消费阶段，当发展中国家经济增长达到一定程度时，其经济体内也会产生一条劳动力价格上涨临界线。不同的是，西方国家的劳动力价格临界线是由技术推动的，发展中国家则是由消费推动的。

一旦西方国家的劳动力价格上涨达到临界线而经济体却不能转型时，经济体内部就会出现螺旋式物价上涨；相同的情况发生在发展中国家，就会不可避免地爆发金融货币危机。

第一，在出口导向型经济增长模式下，由西方发达国家消费所推动的资本对劳动密集型等低附加值行业的投资，是驱动发展中国家经济增长的动力来源。低廉的劳动力价格是外部资本投资的一个关键性因素，资本投资的增长会促使劳动力吸纳的加强及劳动生产率的提高，造成劳动力价格趋于上涨，特别是在一些人口较少的发展中国家，甚至会出现

劳动力短缺、劳动力价格快速上涨的现象。劳动力价格一旦上涨，必然要制约资本的投资，一旦价格上涨或接近投资饱和价，即劳动力价格上涨到资本投资不再产生利润时，资本对这些行业的投资就会停滞或萎缩。劳动力投资饱和价也必然会使该行业商品出口的增长趋于停滞，无论是外部资本对低附加值行业投资增长的停滞还是商品出口增长的停滞，都将造成用以维持汇率平衡的外汇积累趋于减少。

第二，就发展中国家来说，一旦劳动力价格接近或达到投资饱和价，就证明经济已经实现了兴起和发展，其消费结构已处在由低层级消费向中高层级消费过渡的阶段，这种变动必然使消费形态表现出多样化、易变性，消费层级也由以单一消费层级为主向多样化消费层级为主转变。事实上，任何一个国家，特别是一些较小的国家，无论是生产能力还是资源能力，都无法适应或满足以消费形态多样化、易变性和多层级化为特征的消费需求，只有在世界范围内才能满足。这对于一个本国信用货币尚不具备世界货币性质的国家来说，充足的外汇储备就显得极为重要了。没有充足的外汇储备，以多样化和多层级化为特征的消费需求就会变为策动金融货币危机的一支重要力量。

第三，发展中国家消费结构由单一的低层级消费结构向多样化的中高层级消费结构转变，必然会要求生产力结构产生与之相适应的变动，即由单一的消费所推动的生产力结构向以技术推动为主的生产力结构转变。在出口导向型经济增长模式下，生产力增长大多依赖外部消费，在技术和资本基本被西方国家控制的情况下，这一转变无法实现，发展中国家也就无法摆脱对西方国家的技术和资本依赖。只有实现了技术和资本的独立，发展中国家才能实现满足其不断升级的消费需求。事实上，很多发展中国家特别是较小的发展中国家并不具有实现生产力结构转型的基础和条件，即使实现了转型，也只是部分转型，总体上并不能改变其在世界经济活动中的弱势地位。因此，当发展中国家的消费形态出现多样化、易变性特征时，如果不能实现生产力结构的相应转变，那就必须保持外汇储备的持续增长。

第四，在出口导向型经济增长模式下，当劳动力达到投资饱和价而造成资本投资趋于停滞时，经济发展时期积累的大量国内资本也会处于闲置状态，资本的逐利性决定了这些闲置资本必然要流向房地产、股市等特殊投资领域，造成虚假繁荣，进而形成股市和房地产行业的泡沫化，即股市和房地产的繁荣不是建立在业绩的基础上，而是建立在资本堆积的基础上。股市和房地产的泡沫化又必然带来部分消费需求的泡沫化，即消费需求不是建立在实物基础上，而是建立在虚假的账面基础上。在一个开放的经济体中，如果本国信用货币不具有世界货币的性质，那么无论是泡沫经济或是泡沫消费都必须有充足的外汇储备作支撑，否则这些泡沫成分很快会演化为金融货币危机的导火索。

总之，在出口导向型经济增长模式下，一旦劳动力价格达到某一临界线，一方面，经济体整体的对外竞争力下降会导致出口创汇萎缩；另一方面，经济体的生产能力无法满足消费结构升级形成的消费需求，从而对外汇的需求会增多。还有一个不容忽视的事实是，发展中国家的民主制度一般都移植于西方发达国家，而西方发达国家的民主制度是建立在对外具有高度竞争力的技术水平基础上的，其国内各利益集团的利益所得也大多来源于外部利益输送。发展中国家经济体不具有较强对外竞争力，国内财富也有限，还要被西方发达国家资本掠夺。发展中国家如果移植西方发达国家的民主制度必然会造成各利益集团和利益家族争夺有限的国内财富，因此，在出口导向型经济增长模式下，经济发展一旦使劳动力达到或接近投资饱和价格却又不能实现生产力结构的转型时，随着经济的增长，经济体就会产生如下矛盾：经济体创汇能力逐步下降与外汇需求逐步增长之间的矛盾。这对矛盾一旦激化，必然首先以货币危机的形式表现出来，进而爆发金融和经济的全面危机。这在拉美和东南亚国家被一次次证实。虽然由消费推动的投资增长依然是发展中国家在中层级消费阶段实现经济增长的主要推动力，但由于这种消费来源于经济体外部，国内消费对构成经济体的各主要要素，包括生产力结构、劳动力结构和经济体主要矛盾演化的推动作用依然并未显现。与西方发达国家相反，发展中国家生产力结构的存在形态不能适应消费结构的存在形态是消费结构演化过程中的主要矛盾，经济体创汇能力逐步下降与外汇需求增长之间的矛盾是这一矛盾的具体表现形式，而货币危机是这一矛盾不可调和的产物。

第四节　高层级消费结构

西方国家在越过由技术推动的劳动力价格临界线后进入了高层级消费阶段，发展中国家在越过由消费推动的劳动力价格临界线后也步入中层级消费阶段，但到目前为止尚未有发展中国家真正意义上地越过由消费推动的劳动力价格临界线进入高层级消费阶段。所谓的高层级消费结构，是一种把本国生产建立在世界范围的需求基础之上，把本国消费建立在世界范围的生产基础之上的消费结构。它对经济体内各要素——生产力结构、劳动力结构及商品价格等的影响微乎其微，而国际资本和世界货币是高层级消费结构持续存续的决定性力量。在这一阶段，各国对国际资本体系和世界货币体系主导权的争夺异常激烈，国家间的竞争显现出一种全新的模式，各国关系越加纷繁复杂（为避免重复，有关内容将在本书接下来的章节中陆续论述）。

第六章

技术推动的经济增长模式下的货币发行

技术是使货币转化为资本和财富的最活跃、最主动的因素，而且也只有技术才具有把一国发行的纸币最终固化为财富的能力。在日常生活中，很多人都会有这样一个想法：既然货币是由国家或政府控制发行的，缺钱时为什么不能多发行、多印一些货币呢？为什么有的国家发行足够多的货币也没引发货币问题或通货膨胀，而有些国家发行很少货币却引发了相关问题呢？即便是在同一个国家，为什么某一时期国家发行很多货币也没引起货币问题或通货膨胀，而某一时期发行很少货币却引发了相关问题呢？这就是国家或政府向经济体何时注入、注入多少货币及世界货币的问题。对于任何一个经济体，无论国家或政府通过何种途径和渠道向经济体注入货币，最终这些货币都是以资本购买力或最终购买力的形式对实体经济产生影响。

如果发行的货币最初是以最终购买力的形式注入经济体，而由此产生的消费需求因经济体生产能力不足、经济体技术、资源不足等，并没能刺激经济体产生与之相适应的商品供给增加，或者只刺激了经济体产生了部分与之相适应的商品供给增加，那么，由这部分最终购买力所产生的消费需求最终会使经济体产生通货膨胀或物价上涨。这种在初始阶段就造成物价上涨的货币发行是最糟糕的发行结果，它既不能将发行的货币转化为资本或财富，也不可能固化为财富。上述货币发行结果一般出现在经济体的增长和发展受农业生产和发展制约的情况下，或技术和生产力低下的经济体中，但此类经济体在现今社会中已不常见。

如果发行的货币最初以最终购买力的形式注入经济体，并最终刺激经济体产生与之相适应的商品供给增加，即发行的货币最终转化为由消费推动的经济增长动力，那么这种形式的货币发行也就达到了刺激消费需求并推动经济增长的目的。但这也仅达到货币发行的初始目的。

如果发行的货币最初以资本购买力的形式注入经济体，那么货币在最初阶段就被转化为资本并生成了生产力，它们是以提供商品供给的形式对经济体产生影响的。货币在转化为资本后，通过购买生产资料、劳动力进行商品生产，这时货币就完成了刺激经济增长的最终目的。资本通过购买生产资料、支付劳动报酬及出售商品获得利润后，经过再分配又被转化为货币，并以收入分配的形式继续存在于经济体中。

无论最初是以最终购买力的形式还是资本购买力的形式注入经济体，货币在完成各自的最初目的后，最终还是要以各种收入分配的形式继续存在于经济体中并将对经济体产生影响。

事实上，它们在各自目的完成后对经济体的后续影响才是货币发行的关键。发行的货币最终是造成货币问题还是被固化为财富，主要取决于这些货币以何种方式对经济体产生影响。而这又取决于货币在向资本的转化过程中是由技术推动的还是由消费推动的。换一种说法就是，当时的经济体是以技术为主要动力的经济增长模式还是以消费为主要动力的经济增长模式。

本章中，笔者先就技术推动的经济增长模式下的货币发行作以论述，消费推动的经济增长模式下的货币发行将放在第七章“世界货币及其演化历程”之后。

第一节 技术天然具有将纸币固化为财富的能力

由技术推动的资本投资所供给的技术性商品具有创造自己消费需求的能力，因此，资本投资于技术性商品的生产能让资本更容易实现高价值增值。资本逐利的本性决定了技术对资本具有天然吸引力，或者说技术天然具有将货币转化为资本的能力。技术天然就是一种生产力。

在技术性商品不再具有创造自己的消费需求能力之前，或者说只要技术性商品仍然具有创造自己消费需求的能力，资本对技术的投资就不会停止，就具有无限扩大的趋势，货币通过技术实现资本转化也不会停止，经济体对货币增长的需求更不会停止。技术的增长必然要求经济体货币供给相应增长，经济体中闲置的货币也将更多地被技术转化为资本而不是消费。这类货币最终是以提供商品供给为目的，其所供给的技术性商品具有较高的新增价值，商品的价格是趋于下降的，因此，如果注入的货币被技术转化为资本，那么这部分货币的发行是不会造成物价上涨的，反而会随着技术的普及、商品的竞争而造成价格下降。

技术推动了货币向资本的转化，这种转化催生的第一种货币制度是金本位制。事实上，正是技术革命的发生才使以黄金为本位的纸币得以大规模流通并于 19 世纪在西方主要经济体中以制度的形式得以建立。

以黄金为本位的纸币与其他以贵金属为本位的纸币一样，最初都是为了携带交易方便，黄金本身所具有的特性，使其最终成为纸币发行的本位货币。虽然这些纸币能随时兑换成黄金，但如果它不能为持有者带来保值、增值能力，那么在完成交易后，它们会更多地被要求兑付成黄金，这样的话，这些纸币就很难在经济体内全面的、大规模的流通和使用。

如果经济体具有足够的投资渠道能确保这些纸币保值增值，那么在交易完成后，在追求价值增值的驱动下，纸币持有者就不会再要求兑换黄金而是会继续投资以追求其增值。当经济体能够为这些纸币提供足够宽、足够多的保值增值渠道时，经济体内就能容纳足够多、足够规模的纸币进行流通和循环投资。事实上，只有技术推动的资本投资才具有为以黄金为本位的大规模纸币流通提供投资、保值和增值的能力。也就是说，技术不仅天然具有将货币转换为资本的能力，还天然具有将纸币固化为财富的能力。

技术推动的资本投资所供给的商品本身具有创造自己消费需求的能力，投资于技术性行业的资本收益率具有高收益、稳定、可持续的特性，如果经济体中的纸币在技术的推动下被转化为资本，那么在高收益的驱动下，货币持有者就会更多、更持久地持有这些纸币而不是要求兑付黄金。事实上，正是第一次工业革命所开创的众多新技术，让纸币在经济体内大规模流通并向资本转化成为可能。技术通过推动纸币向资本转化不仅为其提供投资、保值和增值的渠道，还使纸币摆脱了对黄金等的过度依赖。

纸币摆脱对黄金等的过度依赖具有里程碑式的意义。它不仅是现代不可兑换的信用货币——纯纸币的雏形，也使一国货币在具有了对外支付功能的同时还能为本国商品创造外部消费需求，而后者恰恰是信用货币演化为世界储备货币的一种雏形。

纸币摆脱对黄金等的过度依赖后，通过对外支付、借贷等形式输出并最终回流国内，只要经济体所供给的众多技术性商品仍然具有创造自己消费需求的能力或在输入国具有不可替代性，以及技术推动的资本投资为货币提供的保值增值仍然普遍存在，被输出的纸币回流国内时就会很少要求兑付黄金，更多地会成为纸币输出国商品消费需求的一部分，或是被纸币输出国的技术转化为了资本，成为该国经济增长的动力。这时该国就具备了人为创造本国商品消费需求和扩张本国国际金融权力的能力。

总之，正是技术天然具有的将货币转化为资本的功能及其为货币提供投资、保值和增值能力，促使纸币的大规模流通并在竞争世界货币主导权的推动下，最终于 19 世纪末 20 世纪初在西方主要经济体以制度，即金本位制的形式相继建立起来。

技术是金本位制在世界范围内确立的基础和决定性条件。但成也萧何，败也萧何，具有讽刺意味的是，金本位制的崩溃是因为它不能适应技术向更深度和广度的普及。

金本位制下，货币的发行受黄金供给量制约，受黄金稀缺性和开采量制约，而黄金的供给量是相对稳定的。技术推动的资本投资所具有的无限扩大趋势带动货币向资本转化，当一场技术革命发生时，涌现的新技术必然要求更多的货币被转化为资本进行投资，而此时货币的供给量显然不能满足技术增长的需求，从而造成货币流通量不足。有时即便利率已经足够高，也无法抑制资本投资的增长。这时就出现了技术增长与货币供给量之间的矛盾。

由于技术天然具有将货币转化为资本的能力，经济体内货币供给量的不足必然会促使由技术推动的流通中的货币更多地被转化为资本，而被技术推动的流通中的货币转化为最终购买力的则要少得多。事实上，在技术推动的经济增长模式下，每次技术的大幅提升或技术革命的发生，都是一场社会资本的“大集会”，众多流通中的货币被技术转化为资本。这就加剧了生产无限扩大与劳动人民购买力相对降低之间的矛盾。

总之，在技术推动的经济增长模式下，经济体内流通的货币更多地被技术转化为资本是经济生活中的一种常态；金本位制下，货币供给量的不足也是一种常态。因此，技术增长与货币供给量之间的矛盾在金本位制下是一种无法调和的矛盾。

金本位制虽不是爆发经济危机的主要因素，但经济危机的周期性爆发证明了金本位制的一个致命缺陷：它无法适应技术大规模增长及其向深度和广度的普及。

在金本位制下，当技术革命过程中涌现的新技术在国际各竞争主体中基本普及，或者说在技术革命中供给的技术性商品在现有的国际消费基础上不再具有创造自己消费需求的能力时，各竞争主体间的经济竞争就会加剧并最终在竞争力较弱的国家首先爆发经济危机。经济危机一旦爆发，就会通过由金本位制所构筑的国际货币、资本链条把危机传递到全世界并最终造成国际间货币流通和交换的混乱。

例如：如果A国的技术水平相对高于B国，当B国货币通过对外投资、支付或借贷输出流入C国，然后由C国回流到B国时，由于A国的商品比B国更具有竞争力，C国可能不会购买B国的商品，而是要求兑付黄金转而购买A国的商品。或是C国会直接用B国的货币购买A国的商品，而A国在得到B国货币后，也不会购买B国的商品，而是要求 B 国兑付黄金。同样是因为 A 国的技术水平相对高于 B 国，A 国的资本收益率也会相对高于 B 国，更容易获得稳定的收益。C 国在得到 B 国的货币后，即便用于储备也不会以 B 国货币的形式储备在 B 国，更大可能是把 B 国货币兑换成 A 国货币，以 A 国货币的形式储备在 A 国，A 国在得到 B 国货币后，同样会要求 B 国兑付黄金，而不会购买 B 国的商品或储备在 B 国。这时，B 国通过对外支付和资本输出，不仅无法人为地为本国商品创造外部需求和争夺国际金融权力，反而会造成本国黄金的外流从而加剧通货紧缩。世界性的经济危机最易从这类经济体内爆发。

在金本位制下，一旦某国爆发经济危机，其国内商品就会因无法销售而大量堆积，商品价格也会迅速下降，进而对其他国际竞争主体的商品价格造成冲击。更多时候，爆发经济危机的国家为了对外倾销其堆积的商品会人为地降低黄金兑换比率，实行货币贬值。

更致命的是，在经济危机中，无论是通过商品降价还是货币贬值，某一经济体向别的经济体倾销其商品所得时，并不会购买对方的商品，而会要求兑付黄金，从而把危机推向世界。国际金融货币支付体系最终会在各国对黄金的争夺中陷入崩溃。

事实上，在信用货币尚不具备成为世界货币能力的时代，任何一国想通过货币输出来为本国商品人为地创造外部需求和建立国际金融霸权，就必须确立金本位的货币制度。而确立金本位制对技术水平不高或技术上的后来者而言，带来的往往不是为本国商品创造外部需求和国际金融权力，而是国内的黄金流失和通货紧缩并最终引爆经济危机。经济危机又通过由金本位制构筑的国际资本、货币链条传递到世界并最终摧毁整个国际金融货币体系。这是金本位制在技术发展到一定程度的又一致命缺陷。

在技术推动的货币向资本转化模式下，金本位制本身的缺陷和周期性的经济危机共同促成了经济体内另一重要矛盾——技术天然具有的对货币的保值增值功能与黄金本身具有的保值增值功能之间的矛盾，或者说技术天然具有的将货币固化为财富的功能与黄金本身具有的财富功能之间的矛盾的产生。

技术对货币的保值增值功能是通过技术性商品供给稳定、持续的高收益体现出来的，经济危机会直接弱化或无法使技术通过高收益来体现保值增值功能；而在金本位制下，经济危机的爆发反而使黄金本身所具有的保值增值功能更充分表现出来。这时，技术的保值增值功能无法与黄金的保值增值功能相竞争，两者之间的矛盾达到顶点。

在金本位制下，黄金的保值增值功能对技术的保值增值功能的压制和阻碍，使货币的发行被限制在了金本位制的狭窄空间里，对纯纸币形式的信用货币发行更是无法逾越的障碍，而所谓的技术保值增值功能，实质上更适应于信用货币。事实上，纯纸币在经济体内的广泛应用和流通才是政府通过财政和货币政策大规模、全面调控经济的唯一先决条件。

技术之所以天然具有将货币转化为资本的性质，是因为由技术推动的资本投资所供给的商品本身具有创造自己消费需求的能力，且能确保通过技术转化为资本的货币更快、更易、更稳地实现较高的价值增值。技术、资本和货币之间的这种天然关系决定了由技术推动的资本投资在经济体内具有无限扩大的趋势，有时即使利率提到足够高，也无法抑制资本投资的增长。

但由于技术推动的资本投资所供给的商品为自身所创造的消费需求的多少和持续时间取决于当时经济体整体消费需求的大小，当技术推动的资本投资不再具有创造消费需求的能力时，就需要由消费代替技术来继续推动，以避免对该商品的投资突然停止。如果经济体整体上表现为技术停滞或一场技术革命接近尾声，而此时的消费需求又不足以接替技术成为推动经济增长的动力，那整个经济体就会突然爆发经济危机。

因此，在技术推动的经济增长模式下，或者说在技术推动的货币向资本转化的经济体中，要实现经济增长不被经济危机打断而保持持续性、连贯性，就必须缓解或消除经济体内以下三对矛盾：一是由技术推动的资本投资无限扩大与有购买能力的消费需求相对减少之间的矛盾；二是技术对货币天然具有的保值增值作用与本位货币黄金具有的保值增值功能之间的矛盾；三是技术的普及引起的对货币需求的增长与金本位制下货币供应量相对不足之间的矛盾。

想缓解或消除第一种矛盾就必须改变资本在社会收入分配过程中占据的统治地位，使社会收入分配所得更倾向于一般劳动者。事实上，在任何经济体中，只有一般劳动者才是整个社会消费的主体，只有实现他们的消费需求增长才能实现社会整体消费需求的增长，从而确保技术性商品能够创造出更多、更持久的自身消费需求。甚至当技术性商品不再具有创造自身消费需求能力时，消费可作为继替动力继续推动资本对这些商品的投资，从而使经济增长不被突然爆发的经济危机周期性地打断。而且只有实现了社会整体消费需求的足够扩张，才能使推动经济增长的两种动力之一——消费推动的经济增长动力上升为推动经济增长的主要动力。

想要消除后两种矛盾，就必须废除以黄金为本位的货币制度，改为以国家信用为本位的货币制度。在金本位制下，由技术创造的社会财富是无法通过货币体现出来的，通过货币所体现出来的只是黄金的变动量。黄金本身具有的价值功能即财富性质，阻碍着货币通过技术向财富的转化过程。只有将金本位制改为信用货币制度，国家或政府才能够依据货币向资本转化的需求来决定货币的发行量；才能满足对货币供应量增长的需求；才能有足够的货币通过技术转化，最终形成社会财富。只有通过这种方式，才能够充分发挥技术对货币的保值增值功能并确保流通中的货币最终被固化为社会财富，并通过货币的形式表现出来。

上述三种矛盾一旦缓解和消除，无论是货币供给量还是经济体整体消费需求都将获得持续、广泛和规模化扩张，特别是货币供给量持续、广泛和规模化的扩张，将使更多的货币通过技术被转化为资本，并最终通过社会收入分配使经济体的整体消费需求得到广泛和规模化的扩大。反过来，社会整体消费需求的扩大，无论从空间上还是时间上都极大地扩展了技术性商品创造自身消费需求的基础。

上述的这种基础扩展使技术性商品创造自身消费需求的范围不再局限于高层级的消费圈层，而是扩展至全部消费圈层。技术性商品创造自身消费需求在空间上的增多和在时间上的持久性，会要求经济体供给更多的货币，这些货币将转化为对技术性商品进行投资的资本。只有社会整体消费扩大到足够程度，才能使消费上升为推动经济增长的主要动力，才能在技术推动的资本投资所供给的商品不再具有创造自己消费需求能力时，消费作为动力继替推动资本对这类商品的投资，从而避免爆发经济危机。所有这些都为国家或政府向经济体注入货币创造了条件和基础，更为经济体流通中的货币创造和拓宽了投资、保值和增值的渠道。而事实上，流通中的货币也正是通过这些渠道被最终固化为社会财富。

这时，整个经济体的增长和发展处在一个快速、持续和良性的循环上升通道，即：技术天然具有的将货币转化为资本的特性，使技术增长或技术革命成为国家或政府向经济体大量注入货币的基础和条件；国家或政府向经济体注入的货币不仅满足了技术增长对资本的需求，也使社会最终购买力获得了极大的增长。在一个社会收入分配公平和公正的经济体内，由技术推动的资本投资所创造的高收入分配不仅能够弥补经济体整体消费需求的不足，还会极大地推动经济体总体消费需求的增长和扩大。

这时，无论是通过技术还是消费，由货币转化的资本投资都能为资本带来持续、稳定的高收益，并为流通中的货币提供广泛和持续的投资、保值和增值渠道。这时的经济体既缓解了经济危机，也避免了政府或国家大量向经济体注入货币而引发的通货膨胀。经济体在整体上表现为快速、持续和良性的经济增长和发展过程。

国家或政府注入经济体的纯纸币货币，无论最初是通过技术还是消费被转化为资本，最终都会以社会购买力的形态存在并流通于经济体内。如何防止这些大量流通的货币在产生购买行为时发生通货膨胀（不包括商品之间比价调整而产生的商品价格上涨），并最终将这些纯纸币货币固化为财富，既是一个国家或政府向经济体注入货币成败的标准，也是任何一个经济体要实现经济增长和发展并最终实现社会各阶层普遍富裕而必须经历和面对的问题。

政府或国家发行的纯纸币货币只有被固化为财富，才能使这些货币超越黄金成为财富的象征，并确保其作为财富象征的地位。

如果在一国内部，人们普遍性地不愿意大量、长期持有政府发行的纸币，那么这种货币就不能说被固化为了财富，即便是强制流通也做不到。一国或政府发行的纯纸币货币最终被固化为财富的关键是经济体能否为这些货币提供足够多的投资、保值和增值的渠道。如果经济体能够为政府发行的货币提供足够多、足够广泛的投资、保值和增值的渠道，那么即使发行更多的货币也不会引发物价上涨，并最终会被固化为财富；如果渠道有限，那么即使发行少量的货币也会引发物价上涨进而销蚀货币的财富功能。在技术推动的经济增长模式下，货币的发行之所以不会引起物价上涨和通货膨胀，并最终能将流通中的货币固化为财富，一方面是因为技术天然所具有的将流通中的货币转化为资本的特性，另一方面是因为技术性商品本身具有的为流通中的货币提供投资、保值和增值的能力。随着技术的普及和竞争加剧，技术性商品的价格总是趋于下降，也使流通中的货币越发具有保值、增值的功能和固化财富的性质。

第二节　只有技术才是一国纸币在国际上固化为财富的关键

第二次世界大战后，金本位制在各国基本被废除，各国货币发行进入信用本位制，又称管理纸币本位制，即纯纸币的时代。新的货币制度使国家和政府大规模实施赤字财政政策和宽松货币政策，并让通过财政政策和货币政策向经济体大规模注入货币成为可能。同时，为缓和阶级矛盾，战后各国对劳工政策的革新也在一定程度上促进了西方经济体整体消费的增长。这时，推动货币转化为资本的动力也由单独或主要由技术推动转向了由技术主导、技术和消费同为主要动力的时代。

在由技术主导、技术和消费同为推动经济增长主要动力的经济体中，由于货币通过技术被转化为资本所供给的技术性商品本身具有创造自己消费需求的能力，因此能够获得稳定且较高的价值增值。只要技术增长，无论是单一、局部或是总体的增长都是持续的，技术为流通中的货币提供的稳定的投资、保值和增值渠道也是持续扩展的，相应地，流通中被技术转化为资本的货币获得的稳定且较高的价值增值也将是持续的，由技术推动的资本投资具有的无限扩大趋势也让流通中的货币通过技术被转化为资本具有了无限扩大性。

当消费与技术一样，在经济体中成为推动经济增长的主要动力，无论是单一技术、部分技术或总体的技术，一旦不再吸引资本对所供给的技术性商品进行投资时，消费就能接替技术继续推动资本对这些商品进行投资。这时，消费也在相应层面上取代技术成为货币转化为资本的主导，或者说这部分货币已不再是通过技术而是通过消费被转化为资本。

在技术推动的经济增长模式下，资本持续、稳定的高收益及高收益预期，不仅为流通中的货币提供了直接转化为资本并实现纸币保值增值的渠道，也为流通中的货币提供了间接投资、保值和增值的渠道，从而推动金融行业的发展和繁荣。事实上，也正是在技术增长及技术革命形成的由技术推动的经济增长模式下，资本所创造的稳定、持续的高收益及高收益预期才能促进以银行为主的众多金融行业的发展和繁荣。反过来，繁荣的金融行业不仅为流通中的货币直接或间接提供了众多投资、保值和增值的渠道，技术也通过繁荣的金融行业被迅速有效地转化为投资，即形成社会生产力。流通中的货币也正是通过这些能为其带来稳定、持续高收益的保值、增值渠道才逐步被固化为财富的。就是说，流通中的货币直接或间接通过金融行业实现投资、保值和增值的过程，也是流通中的货币逐步固化为财富的过程。

在技术推动的经济增长模式下，随着技术的增长、技术性行业的扩张，经济体对劳动力的吸纳，严格说是技术性行业的吸纳达到某一临界点时，或者说劳动力价格达到某一临界点时，经济体内必然会出现劳动力价格在比价上的调整过程。在这一过程中，技术性行业的高价值增值及其能为劳动者提供的高收入，会极大地吸纳社会劳动力，使社会劳动力到技术性行业就业成为普遍现象。而那些创造的价值增值不高、技术相对普及、不能够为劳动者提供较高劳动报酬的低附加值行业，必然会出现两种状况：要么从事这些行业的劳动力大量流向技术性行业，从而出现劳动力短缺；要么从事这些行业的劳动者要求增加劳动报酬。这一过程实质上也是经济体经济结构的优化过程，即能适应劳动力价格上涨的行业或企业兴起和发展，不能适应的则萎缩和被淘汰。特别是那些生产日常生活必需品的劳动密集型行业，由于所创造的商品新增价值不高，又没有更多的新增价值用于提高劳动报酬，那么对这些行业来说，提高劳动者的劳动报酬将重新削弱资本收益率，从而造成资本对这些行业投资的萎缩。而企业如果不提高劳动报酬，就会直接造成从事这些行业的劳动力流失和短缺，同样也会造成资本对这些行业的投资萎缩。

由于这些行业供给的都是日常生活必需品，要维持商品供给就只有通过提高商品价格来支撑从事这些行业劳动者的劳动报酬。同样的原因，这些商品价格的上涨容易引起社会其他商品价格，甚至整体商品价格间的比价调整，从而形成社会商品价格整体上涨的趋势，即通货膨胀。如果此时技术在整体上是持续增长的，那经济体内部也仅仅表现为物价上涨和通货膨胀。如果此时技术在整体上趋于停滞或技术革命已接近尾声，经济体中由技术推动的部分就会处于停滞状态，那这时的经济体就表现为：在技术层面处于停滞状态，在消费层面处于通货膨胀状态。在两者的共同作用下，经济体在整体上就会出现一种从未有过的现象——停滞与通货膨胀并存，即滞胀（西方发达国家在 20 世纪七八十年代即是如此）。

本质上，它就是由技术推动的经济增长达到某一临界点时，生产力结构与劳动力结构之间矛盾的结果。

通货膨胀会直接削弱货币的价值，经济停滞会堵塞货币获取价值增值的渠道，也会阻碍货币被固化为财富的过程。滞胀的出现不仅使财政政策受到巨大制约，货币政策也一样无法施展。滞胀是技术推动的经济增长模式下（有别于消费推动的经济增长模式），一国经济跃升为发达经济体所必经的现象。滞胀问题的解决是国家和政府的货币发行向更高层级迈进和演化的关键，也是一国货币能否演化为世界货币的关键。滞胀在本质上也是技术推动的生产力结构与劳动力结构的优化过程，即它要求把那些不能够适应技术增长的行业和企业淘汰出经济体，把那些顺应技术增长的行业和企业更趋优化。解决滞胀问题的关键是把那些不能够适应技术增长的低附加值的行业和企业转移到经济体外生产，实质上就是把本国的这部分消费建立在世界范围内的生产基础之上；同时把经济体内那些顺应技术增长的行业和企业更趋优化，这实质上就是把本国的这部分生产建立在世界范围内的需求基础之上。因此，滞胀已经不是一国的问题了，需要放在世界范围内来看。

由技术推动的资本投资供给的技术性商品所创造的消费需求，是单一经济体在现有的消费需求基础上创造的消费需求，或者说，当某种技术性商品或某次技术革命所供给的技术性商品，在经济体内不再具有创造自己消费需求能力，而在经济体外部仍具有这种能力时，通过生产力向外部转移，既可满足经济体内的需求，又可为技术性商品在经济体外创造出新的消费需求。特别是劳动密集型行业，向劳动力价格相对较低国家进行转移已经表现得很明显。这样既满足了经济体内部对这些商品的消费需求，缓解了因生产力结构与劳动力结构之间矛盾而引起的物价上涨压力，从而把本国的消费建立在世界范围内的生产基础之上以缓解自身通货膨胀，又通过对外投资、支付和借贷，人为地提高了外部对本国商品的购买力，从而把本国的生产建立在世界范围内的消费需求基础之上，以缓解国内的经济停滞。

与为消除滞胀而进行的生产力对外转移相伴而生的是货币和资本的相应流动。事实上，这种生产力转移的过程也是一国货币在国际上转化为资本并演化为世界货币和储备货币的过程。一旦一国货币在国际间成为投资、支付、结算、计价、流通和储备的货币，那该国货币也就被赋予了世界货币的职能，并在世界范围内被各国所储备，进而被固化为财富，或者说在世界范围内具有了财富的性质。这时该国的货币发行就进入了世界货币时代。

在一国货币演化为世界货币的过程中，该国既要为本币的外部所有者提供足够宽的保值和增值渠道，也要为本币的外部所有者提供足够自由、便捷和多样性的变现渠道；同时还要在世界范围内维护和创造对本币的外部需求（关于技术推动的经济增长模式下世界货币的发行，本书把它放在第七章“世界货币及其演化历程”中，一是为了便于论述，二是避免出现重复论述）。

第七章

世界货币及其演化历程

世界货币是与国内货币相对应的概念，国内货币是在一国范围内进行计价、结算、储备、支付及市场干预的工具，是国家的法定货币。超越国家界限，国内货币在理论上就失去货币效力，但当国内货币超越国家界限而成为在世界范围内进行计价、结算、储备、支付及市场干预的工具，即有了世界货币的职能时，该货币就具有了世界货币的性质。

世界货币是世界贸易发展和各国经济开放的结果。与世界贸易发展的不同阶段相适应，世界货币经历了从金属实物货币阶段到以金属为本位的本位货币阶段，再到以信用为本位的管理纸币即纯纸币阶段的过程。作为一种在世界范围内具有价值尺度的特殊商品，本来只有黄金和白银等贵金属才具有世界货币的职能，但这类贵金属在数量上受稀缺性和开采量制约，这一先天性缺陷注定了它们无法持续地作为世界货币。随着国家干预经济的增强和世界贸易的发展对世界货币的需求，黄金和白银逐步丧失了其作为世界货币的职能，它们所具有的货币特性也基本上被其商品特性所取代。金本位制崩溃后，也就是 20 世纪 40 年代中期，在经历了一段混乱之后，西方国家确立了以美元为主导的布雷顿森林体系，即国际金融货币体系。在这一体系中，美国的信用货币（纸币）——美元与黄金挂钩，而各国的信用货币（纸币）又与美元挂钩，美元就被赋予了等同于黄金的世界货币的地位。美元虽然取代黄金被赋予了世界货币的地位，但黄金仍然作为国际金融货币体系的基本支柱而存在，美元只负有随时对外承兑黄金的义务。不过这一体系本身的存在就已经预示了以管理纸币为本位的信用货币，即纸币充当世界货币时代的到来。

战后的西欧和日本等西方发达国家和地区经济复兴严重依赖于美国的资本和技术援助，以美元为中心的国际金融货币体系对整个资本主义世界的经济复苏和增长起着举足轻重的作用，这也是以美元为中心的国际金融货币体系得以维持的基础和根本原因。但随着西方发达国家战后经济的恢复和发展，特别是技术上的突飞猛进，他们的经济活动，特别是对外经济活动逐步摆脱了对美元资本的依赖，美元作为国际金融货币体系中心的地位产生了动摇。到了 20 世纪 70 年代初期，美元已经成为西方国家解决国内经济矛盾和调整经济结构，特别是解决国内滞胀问题而进行对外资本扩张的严重障碍。随着生产力对外转移，特别是那些日常生活必需品转移到外部生产，满足国内对这些商品的消费需求开始取代供给而成为经济生活中的主要问题。西方国家越来越无法忍受美元在国际支付体系中的独霸地位，迫切要求改变美元在国际金融货币体系中的地位；另外，美元与黄金的挂钩也严重阻碍了美国自身的资本扩张。在这种双重压力下，美国政府被迫于 1973 年宣布关闭黄金窗口，美元对外不再负有承兑黄金的义务。国际金融货币体系再次崩溃，这也标志着黄金作为世界货币地位的彻底终结。布雷顿森林体系的崩溃与其说是货币问题，倒不如说是消费型经济增长模式取代供给型经济增长模式的结果。布雷顿森林体系崩溃后，美、日、欧等西方发达国家和地区依靠强大的经济、技术、政治和军事优势实现了其信用货币（纸币）的世界货币化，并掌握了世界货币的主导权。世界货币进入以信用为本位的管理纸币即纯纸币时代。

第一节　以黄金为本位的世界货币与以信用为本位的世界货币的区别

以黄金为本位的纸币充当世界货币与以信用为本位的纸币充当世界货币是两种截然不同的世界货币体系。

首先，推动这两种世界货币体系形成的经济增长模式是不同的。以黄金为本位的世界货币体系产生于以技术为推动力的供给型经济增长模式时代，技术是其形成的最基本、最主要动力。因此，以黄金为本位的世界货币体系必然要反映供给型经济增长时代的经济要求，并为那个时代经济的国际竞争目的服务。以信用为本位的世界货币体系产生于以消费为推动力的消费型经济增长时代，消费是推动其形成的最基本、最主要动力。因此，以信用为本位的世界货币体系必然要反映消费型经济增长时代的经济要求，并为那个时代经济的国际竞争目的服务。

上述的不同决定了两种体系的货币所执行的对外职能及其所产生的效力也是不同的。

在以黄金为本位的世界货币体系下，技术是推动国际间经济竞争的主要动力，目的是为各自国家处于无限扩大趋势的商品生产（供给）开拓和占有世界市场，并最终实现资本的价值增值。这一时期也被称为供给型经济增长时期。这时，货币所执行的对外职能是为本国的商品生产（供给）开拓和占有世界市场服务。在这个体系下，货币负有随时兑付黄金的义务，因此，货币在执行对外职能时会受到黄金的限制。

对于本国货币属于世界货币的国家或者拥有世界货币主导权的国家来说，当出现生产（供给）过剩或者发生经济危机时，该国就能够利用世界货币的优势，通过对外投资、借款或国际支付等方式进行货币输出，只要输出的货币在最终回流国内时不要求兑付黄金而是购买该国的商品，那么，货币的输出就可以起到商品输出的功能，实现了为本国的商品生产（供给）开拓和占有世界市场服务的对外职能。但是如果该国的商品相对于别的国家的商品不再具有竞争力或者相对于货币最终接受国并不具有竞争力，那么，该国输出的货币最终回流国内时，就会被要求兑付黄金而不是购买该国的商品，这时，该国的货币输出不仅没起到为本国的商品开拓和占有世界市场服务的作用，反而会造成国内黄金的流失，从而引起国内经济的动荡。

因此，在这个体系下，国际间的经济竞争是排斥性的和非包容性的。为了确保本国货币在世界货币中的主导地位，那些拥有世界货币主导权的国家进行的国际经济竞争是异常激烈的，甚至是你死我活的。一旦原有的国际经济竞争均衡因新兴经济强国的崛起而被打破，两者的矛盾就会激化到无法协调的地步，以至于最后要通过战争才能解决。两次世界大战的爆发都与当时以黄金为本位的世界货币体系密不可分。从这一角度上看，金本位制的崩溃也是人类文明向前发展的一个重要标志。

在以信用为本位的世界货币体系下，消费取代供给成为推动国际间经济竞争的主要动力，国际间的经济竞争除了开拓和占有世界市场，更重要的是为满足已经建立在世界范围内生产基础之上的消费需求提供国际支付能力。这时，货币所执行的对外职能也不再仅限于为本国商品供给开拓和占有世界市场服务，还必须具备为满足已经建立在世界范围内生产基础之上的国内消费需求所必需的国际支付能力。

由于在这个体系下，货币不再负有承兑黄金的义务，因此货币在执行对外职能时，就不再受到承兑黄金的限制。在以纸币充当世界货币的时代，对那些拥有世界货币主导权的国家来说，该国也就具备了通过货币和财政政策调动世界范围内的资本和商品流通来为本国经济服务的能力，当该国出现生产过剩或经济衰退时，该国就能够发挥世界货币的优势，通过降低利率、对外投资、借款或国际支付等方式进行货币输出，在不兑付黄金的情况下，输出的货币最终只能以购买该国商品或投资（最终还是要购买该国商品）的形式回流国内。这种形式的货币输出起到了一种事实上的商品输出功能。对货币输出国来说，它就是一种人为的为本国商品供给开拓和占有世界市场创造外部需求的方法和手段，也是解决国内经济衰退最具效力的外部工具。当该国出现消费高涨或通货膨胀而本国生产能力又无法满足国内消费需求时，该国就能够通过提高利率，人为造成货币升值，刺激对外需求，并利用其货币所具有的国际支付能力在世界范围内进行商品购买，以满足国内的消费需求。也就是说，在这个体系下，无论是经济衰退还是通货膨胀，该国都可以利用其货币来解决。事实上，也只有在这种情况下，货币才具备完整的国家经济竞争的工具性质。

上述情况只体现出了世界货币的国家经济竞争工具属性，它与资本相结合形成的国家力量才是世界货币的最终属性。对世界货币主导权的争夺最终也是对世界货币国家力量属性的争夺，这部分将在下一小节中单独论述。

以黄金为本位的世界货币体系是由技术推动形成的。由于拥有世界货币主导权的各国经济在这一时期总是经常性地表现为供给过剩和消费需求不足，货币又负有承兑黄金的义务，因此各国对本国货币所具有的国际支付能力的使用并不普遍。到由消费推动的、以信用为本位的世界货币体系时期，消费结构呈现高层级化和部分多层级化，任何一个国家，无论是生产能力还是资源能力都无法满足这种消费需求，除非建立在世界范围内的生产基础之上。这就要求各国必须具备充足的国际支付能力来保障国内消费需求的满足；又由于在以信用为本位的世界货币体系下，货币不再负有兑换黄金的义务，因此，利用本国货币所具有的国际支付能力，并把它作为国家经济竞争的工具行使，对那些拥有世界货币主导权的各国政府，具有不可抗拒的诱惑力。事实上，正是由消费所推动的国际间经济的竞争，或者说正是消费型经济增长模式对世界货币所具有的国际支付能力的需求，导致黄金彻底退出世界货币的舞台，并最终使国际支付能力作为国家经济竞争的工具被拥有世界货币主导权的国家普遍行使。

那些拥有世界货币主导权的国家对国际支付能力的行使并不是通过直接对外支付的形式实现的，而更多的是经过本国财政和货币政策的引导，通过社会渠道实现的。这个过程是复杂的，但其结果最终还要以国际收支的形式体现出来，或者主要以贸易逆差的形式体现出来。也就是说，在由消费推动的以信用为本位的世界货币体系下，那些拥有世界货币主导权的国家与那些不具有世界货币性质的国家之间，或者说，西方发达国家与发展中国家之间的国际收支逆差和贸易逆差是不可避免的，其根源就是本国高层级化的消费需求促使西方发达国家普遍行使国际支付功能。

对于那些不具有世界货币性质的国家来说，长期的国际收支逆差和国际贸易逆差必然会造成本国货币的贬值，但对于那些拥有世界货币主导权的国家来说，后果则不同。

随着世界经济的相互融合及其向深度和广度的发展，各国对世界储备货币的需求也大大增长。特别是发展中国家，随着经济的发展及消费的增长，它们必须拥有充足的世界储备货币才能满足国内生产和消费对外汇的需求及保障国内金融的稳定，甚至有些发展中国家为了保持国内金融的稳定干脆实行了本国经济的世界货币化（是指在本国经济活动中把某种世界货币作为合法的流通货币）。也就是说，随着世界经济，特别是发展中国家经济的发展，那些拥有世界货币主导权的国家行使国际支付能力所造成的国际收支逆差和贸易逆差基本上都被世界经济的发展，特别是发展中国家的经济发展消化了。因此，有时国际收支逆差和贸易逆差并不会造成本国货币的贬值。

只有那些拥有世界货币主导权的国家普遍地、持久地把国际支付能力作为国家经济竞争的工具来使用，才会造成国际收支逆差和贸易逆差超越了世界经济发展所能消化的极限，进而造成本国货币贬值。

世界货币的贬值过程非常纷乱复杂，在以信用为本位的世界货币体系下，首先是通过对其他世界货币的贬值体现出来的，其次是通过该货币计价的世界基础性商品价格的上涨体现出来的，最后是通过发展中国家的货币升值体现出来的。这种贬值过程避免了其他拥有世界货币主导权的国家因该货币贬值而使国家利益受损。对于发展中国家来说，其货币虽然最终实现了升值，但由于其货币不具有世界货币性质，没有行使国际支付的能力，因此其货币的升值并不能起到维护本国权益的作用，相反还必须承受世界货币贬值所造成的由该世界货币所计价的国际性商品价格的上涨。

相比以黄金为本位的世界货币体系，在以信用为本位的世界货币体系下，世界货币完整地发挥了国际支付职能；而且那些拥有世界货币主导权的国家间的国际经济竞争也不再相互排斥、你死我活，而是一种利益共增共享的国际经济竞争关系。

最后，在两种不同的世界货币体系下，世界货币的形成与该货币的国际资本化运动之间的关系是不同的。无论是一国货币还是世界货币，它们都被划分为以交换为目的的媒介货币和以增值为目的的资本货币。一国货币的形成是由法律规定的，与该货币的资本化运动之间并没有密切关联。世界货币就不同了，世界货币的形成是由一国政治、经济、技术及军事等综合能力推动的，是通过该国货币的国际资本化运动实现的，其中技术是关键因素，因为只有技术才具有在国际范围内将其货币直接转化为资本并固化为财富的能力。只有当一国货币在世界范围内普遍具有国际资本化性质时，该货币才具有世界货币的性质。也就是说，具有国际资本化性质的货币不一定具有世界货币的性质，但具有世界货币性质的货币一定具有国际资本化的性质。

在以黄金为本位的世界货币体系下，由于黄金本身具有世界货币性质，一国一旦实行金本位制，该国货币在理论上也就具备了世界货币的性质，因此金本位制是一国货币形成世界货币的前提和基础。这时，一国货币形成世界货币与该货币的国际资本化运动之间的关系还不密切。

在一国货币形成世界货币之后，该货币就具备了在世界范围内进行资本扩张的能力，但由于在以黄金为本位的世界货币体系下，货币不仅要受对外承兑黄金的束缚，还要受黄金供给的限制，这时货币的国际资本化运动就被限制在流通领域内。因此在这个体系下，即使一国货币形成了世界货币，它与该货币的国际资本化运动之间也并未表现出密切的关联性。也就是说，世界货币的形成与该货币的国际资本化运动之间的关系并不表现为密切关联性，或者说，两者之间的密切关联性在该体系下并未体现。

在以信用为本位的世界货币体系下，一国货币是建立在国家信用基础之上的，是由法律强制执行的，在国内它具有法定的货币效力。但这种没有任何物质担保的货币一旦超越国界，理论上就不再具有货币效力。如果一国的政治、经济、技术及军事等力量能支撑该国货币在国际范围内能直接转化为资本进行投资，特别是利用其先进技术在国际范围内具有直接转化为资本的能力，即在国际范围内具有了投资、保值和增值的能力，那该国货币就具备了国际资本化的性质。随着该国货币国际资本化程度的提高和范围的扩大，当该国货币的国际资本化程度具有普遍性时，该国货币就具备了在世界范围内储备、支付、计价及结算的能力，即具备了世界货币的性质。事实上，在这个体系下，一个国家对世界货币主导权的利用正是建立在本国货币国际资本化的基础上。资本化程度不仅直接决定着货币政策的调控效果，还直接决定该货币在世界货币中的地位，即国际资本化程度高，那它在世界货币中的地位就高，反之，就低。

另外，在以信用为本位的世界货币体系下，一国货币在成为世界货币之后，它具有的在世界范围内进行资本扩张的能力，让它摆脱了在以黄金为本位的世界货币体系下所受的对外承兑黄金的束缚和黄金供给的限制。无论融资渠道还是投资渠道，都有力地推动了资本在世界范围内的扩张，特别是由技术推动的社会生产力在世界范围内的转移更是为资本扩张提供了渠道和动力。也正是在以信用为本位的世界货币体系下的国际资本化运动，才实现了社会生产力在全球范围内的转移。

总之，在以信用为本位的世界货币体系下，一国货币的国际资本化不仅是该国货币形成世界货币的前提和基础，还是该国货币世界货币化的主要内容。两者之间有着相互促进和互为因果的密切关联性，即一国货币的国际资本化程度决定着该国货币在世界货币中的地位；反过来，一国货币在世界货币中的地位又决定着该国货币在国际上的资本化程度。

在以信用为本位的世界货币体系下，如果一国货币的国际资本化程度在国际资本市场占据着绝对优势，或者其货币的国际资本化程度超过了其他世界货币的国际资本化程度总和，那么，该国就取得了世界货币的主导权，其货币就被赋予了一种国家力量，具有了国家力量属性。

一国的政治、经济、技术和军事力量是支撑一国信用货币成为世界货币的基础，一旦一国信用货币被赋予了国家力量属性，那该国货币就超越了这些力量总和，成为一种超级国家力量。

首先，一旦一国货币在世界货币中居主导地位，该国的国内利率就成了国际利率的标准，该国的资本收益率就成了国际资本收益率的标准，世界范围内的资本都被纳入由其构建、主导的国际资本体系中。无论是发达国家还是发展中国家，只有其国内的资本收益率或某一领域的资本收益率达到或超越了该国资本收益率时，才会获得国际资本的投资。比如广大发展中国家，只有在自然资源和劳动力这些领域，才能达到西方技术化经济的资本收益率水平，而在别的领域是很难获得资本投资的。

其次，对于在世界货币中居主导地位的国家，一旦该国出现经济高涨或者技术集中爆发，乃至一场技术革命，为调动世界范围内的资本为其国内经济服务，该国可以把利率提到足够高。由于技术性商品的高附加值和具有创造自己消费需求的特性，即使利率提到足够高也不会影响其国内资本的价值增值，但却抬高了国际资本收益率。这时，世界其他国家（拥有独立资本体系的中国除外）要么跟着提高利率，要么任由自己的货币大幅贬值。而对经济技术化的其他发达国家而言，提高利率就足以应对；而对于广大发展中国家而言，即使把利率提到足够高，也阻挡不了货币大幅贬值。特别是那些劳动力价格达到某一临界点，消费层级达到一定高度的发展中国家，其货币贬值速度能把几十年的经济增长一夜间化为乌有。美国信息技术革命时期，亚洲国家爆发的货币危机最具典型性。

一旦该国经济出现停滞或衰退，该国就可以把利率降到足够低来向经济体注入大量货币，从而降低资本收益率，进而促成其国内资本和注入的货币流向世界各个角落。实质上，这种人为地为本国商品创造外部需求的方式，是不会引起国内物价上涨和通货膨胀的。因为物价上涨要通过以该国货币计价的国际基础性商品价格的上涨来表现。最终，商品价格上涨和通货膨胀由全世界来承受，而好处则由其独占。

假如拥有世界货币主导权的国家足够任性，那它就可以随意地向其经济体注入货币。

拥有世界货币主导权的国家利用其货币所具有的超级国家力量属性，通过提高或降低货币利率和资本收益率对世界财富进行收割，收割的财富已超过其资本对外扩张所攫取的财富。而对那些世界货币不占主导地位，但其信用货币也具有世界货币性质的国家来说，一样可以利用上述通道收割世界财富。唯一不同的是，一个巨大，一个足够大。

第二节　一国信用货币被赋予世界货币的条件

国家的信用货币想要成为世界货币，需要具备以下四个基本条件。

一是该国的经济结构具有技术化特征，并在国际竞争中拥有较高的技术化优势。这一点是成为世界货币的首要条件。没有技术上的优势，信用货币就不具有形成国际资本化的能力，更不会成为世界货币。

二是该国经济要具有一定的规模。经济规模是一国信用货币被赋予世界货币的载体和物质基础，经济规模过小，就无法承受本国信用货币世界货币化所带来的经济和货币波动。

三是该国的政治要具有较强的稳定性。政治上的稳定主要是指政权更迭不会影响货币的稳定和本国不存在潜在的大规模冲突。

四是该国要拥有强大的军事力量或军事联盟。这里的军事力量主要是指战争的发生不会影响货币的稳定。政治上的稳定和军事力量的强大是成为世界货币的保障，没有这一保障，信用货币就会因不具有形成世界货币不可或缺的稳定性而难以被赋予世界货币的职能。

后两个条件属于政治军事范畴，不属于本书探讨的内容，下面我们就前两个条件作以论述。

在一国货币演化为世界货币的过程中，首先，该国要为本币的外部持有者提供足够宽的保值和增值渠道；其次，该国要为本币的外部持有者提供足够自由、便捷和多样化的变现渠道；最后，该国还要具有在世界范围内维护和创造对本币的外部需求的能力。因此，在这个过程中，经济技术化是其演化过程中的关键。

一、经济体的技术化特征

只有拥有技术化特征的经济体才能为国际上拥有或储备本国货币的境外持有者提供广泛、持续和稳定的高收益的货币投资、保值和增值渠道，而这些渠道又是一国货币逐步形成世界货币并在世界范围内被赋予储备功能的基础之一。

只有拥有技术化特征的经济体才能够供给出众多技术上先进、独一无二的商品，或只有极少数国家才有能力供给渠道稀缺的高技术商品。供给渠道的稀缺及高技术商品本身具有的创造需求的能力，可以在世界范围内维护和创造他国对本国货币流通和储备的需求。比如：如果 A 国供给的商品 B 国自己也能生产或者很容易从别国买到，那么 A 国的货币对 B 国而言几乎没有任何吸引力。如果 A 国供给的商品属于既是 B 国所需又是 B 国自己不能生产，或者是国际间供给渠道稀缺的高技术商品，那么 A 国货币对 B 国而言就是具有与 B 国对 A 国高技术商品需求相应的需求能力，并促使 B 国对 A 国货币产生相应的流通和储备需求。

资本和生产力在国际间转移的过程中，也只有与技术相结合的货币才能形成资本和生产力。只有拥有技术化特征的经济体才能在对外投资和生产力转移的过程中使本国货币在国际间直接形成资本和生产力，并逐步形成投资、支付、计价和结算货币，进而最终被赋予世界货币和储备货币的职能。也只有拥有技术化特征的经济体在国际间才具备大规模的对外投资和生产力转移并最终形成相应规模的对外债权，而由投资和生产力转移而形成的对外债权，又是一国货币被逐步赋予世界货币和储备货币的基础之一。

只有拥有技术化特征的经济体具有的广泛、持续和稳定的高收益及高收益预期，才能促成以银行为代表的众多金融机构大规模的兴起、繁荣和发展。事实上，货币也正是以金融行业为中介，与技术相结合才能形成资本。像国债、股票、信托、基金等众多金融产品规模越大，就越能够为境外本国货币持有者提供更多投资、保值、增值渠道和更易变现的手段。也就是说，拥有技术化特征的经济体所具有的广泛、持续、稳定的高收益和高收益预期及由此推动的大规模金融市场繁荣，必然会带动世界范围内的各类自然人、法人对本国货币的交易需求、流通需求、支付需求及更持久的持有和储备需求，并最终使本国发行的纯纸币在世界范围内被固化为财富。这也是一国货币被赋予世界货币和储备货币职能所必须的基础之一。

二、经济体必须具有足够大的规模

只有规模足够大的经济体才具备防御和抗击外部冲击的能力，特别是对本国货币币值的冲击。这样的经济体具备大规模的商品供给能力及消费需求能力，可以在一国货币因贬值而脱离其实际价值时，强制其货币价值自动回归到实际价值；同样，也只有足够大规模的消费需求能力才能在一国货币因升值而逐渐脱离其实际价值时，强制其货币价值自动回归实际价值。与经济体规模相适应的金融和货币市场规模对稳定本币币值则更直接、更有效。一国货币币值的持久稳定也是一国货币作为世界货币和储备货币的基础之一。

只有足够规模的经济体才能在国际贸易中对某种或某些世界基础性商品的需求达到一定规模，这样该国货币才具备在国际贸易中成为世界基础性商品的计价、交易和结算货币。这样一来，其货币发行的基础就不再仅限于国内，而是扩展到世界范围之内。该国货币的发行本质上在世界范围内也就具有了实物货币的性质，或者说该国货币的发行直接具有了世界财富的性质。

第八章

消费推动的经济增长模式下的货币发行

第一节　发展中国家的货币现实

西方发达国家是以技术为主要推动力的经济增长模式，发展中国家是以消费为主要推动力的经济增长模式，后者实际上就是发展中国家的货币发行。

消费推动的经济增长表现为经济体在“点”上的规模和数量上扩大。这种扩大，使得它对经济体各要素价格变动的影响，远远超过了技术推动的经济增长。严格来说，消费推动的经济增长是在价格变动特别是比价调整的基础上实现的。

理论上，消费推动的经济增长模式下的货币发行原则与技术推动的经济增长模式下的货币发行原则是相同的。货币初次发行后，无论它对经济增长是否产生影响、产生了多大影响，只要能为留在经济体内的这些货币提供投资、保值和增值渠道，并最终把它们固化为财富，货币发行就算成功了。

消费推动的经济增长模式下，经济体总体上的低附加值特征决定了它无法为流通中的货币提供持续、稳定的投资、保值和增值渠道，再加上这种模式本身具有商品价格大范围、小幅度比价调整的特性，对发展中国家来说，货币的发行既要保持或促进经济增长，又不能引发物价普遍性上涨，实在难以驾驭。如果发展中国家牺牲经济增长，谨慎发行甚至不发行更多的货币，是不是就能避免国内物价普遍上涨了？不是！因为现实世界中，发展中国家的国内商品价格变动早已不是由货币发行多少决定的了。

现实中，由西方国家构建、主导的国际资本体系和世界货币体系早已把世界的角角落落都裹挟进去，特别是西方国家越过由技术推动的劳动力价格临界线而跃升成为发达经济体后，建立在技术化之上的西方平均资本收益率和货币利率就成了世界范围内的平均资本收益率和货币利率，自然也就是发展中国家的平均资本收益率和货币利率。世界基础性商品、大宗商品也都是由西方国家的货币计价，其价格变动自然也由他们的货币政策控制。西方国家利用由其构建、主导的国际资本体系和世界货币体系，把它的消费建立在了世界范围内的生产基础之上，把它的生产建立在了世界范围内的需求基础之上，实现了经济全球化。这使原本属于单一经济体的经济结构，被统一到世界经济结构之中，其中，西方国家垄断了技术和高端生产领域，而众多低附加值、重污染行业转移至发展中国家。发展中国家不仅要为西方发达国家生产、供给他们生活所需的基本用品，还要消化西方发达国家生产、供给的技术性商品。所谓的经济全球化，本质上是西方国家的经济全球化，发展中国家只是全球化的附庸而已，最多算是参与了全球化。

上述的现实决定了发展中国家没有独立的货币主权，消费推动的经济增长模式下的货币发行更无理论可述。资本对外开放程度越高的发展中国家，货币发行的自主权就越小，国家对内部商品价格变动的掌控就越小。有些发展中国家为了维护本国物价稳定，不得不实行与某种世界货币挂钩的货币政策，更有甚者，干脆实行美元化。

第二节　中国是个例外

当然也有例外。如果一国拥有足够多的廉价劳动力，且具有大规模对外生产能力，又拥有独立的资本体系，那么它就具有独立的货币主权。众多廉价劳动力和大规模的对外生产能力是一种能满足世界需求的生产能力，任何一国因货币发行问题而引起国内物价上涨都会被这种强大的生产能力迅速打回原形。一个国家拥有独立的资本体系就意味着拥有独立的资本收益率，既不会受西方资本体系和资本收益率的控制，也不会被西方国家控制本国货币主权。

在发展中国家中，目前只有中国，且只能是中国具备上述条件。首先，中国是一个以国有资本为主导的经济体，国有资本有自己独立的资本体系，这是一国拥有独立资本体系最关键、最具决定性的因素。以国有资本为主导的资本体系是不受西方构建、主导的国际资本体系和资本收益率控制的。以基础设施投资为例，大部分的基础设施所需的资本量大、收益率低且建设周期长，如果靠私人资本和国际资本投资，一旦西方国家出现新技术普遍增长或经济高涨，或人为提高资本收益率，这些资本很快就会流向资本收益率更高的领域，到时候，不但基础设施建设目标难以实现，还会对本国货币形成贬值压力。其次，以国有资本为主导的经济体拥有自己的技术体系。这就相当于拥有了自己的资本收益率，能免于成为基于西方技术化经济的资本收益率的附庸，进而免于被西方资本控制。最后，中国的房地产市场是一个独特的存在，房屋被赋予的金融属性超越了它用于居住的真实属性。货币发行成功的关键是经济体能否为流通中的货币提供足够多的投资、保值和增值渠道，并最终把它们固化为财富。当中国的技术领域不足以为更多流通中的货币提供投资、保值和增值渠道时，中国房地产市场的独特性却能补上这一空缺。中国房地产市场的独特性源于中国国有土地制度和中国独特的城市化进程。中国的土地归国家和集体所有，中国的人口结构 80% 属于农村人口，每个农民都有自己的土地，中国的城市化进程也是从农村富余人口开始梯次进行的，这些人基本上都在城市购房安家。而西方国家和大部分发展中国家的城市化进程总是表现为劳动者在农村失去土地、一无所有，被迫到城市谋生以养家糊口。也就是说，中国的城市化进程不像西方和大部分发展中国家那样，总是形成贫民窟式的城市化，而是形成了巨量的房地产市场。房地产市场规模之广、容量之大，足以为中国国内流通的海量货币提供投资、保值和增值渠道，并最终把它们固化为财富。

巨量的房地产市场像一堵高墙，直接阻断了西方国际资本染指中国独立资本的任何企图，只要维持房地产市场的活跃交易，保持房地产市场的适当繁荣，中国的货币发行就有足够的韧性。

上述三个因素是中国拥有、维持独立资本体系的关键。事实上，也正是中国拥有以国有资本为主导的、独立的资本体系，才使得中国取得了如此辉煌的成绩。中国经济增长和发展的秘诀也在于此。

除了独立的资本体系，中国还拥有世界独一无二的、熟练的、吃苦耐劳的较廉价劳动力，拥有强大的对外生产能力。这种世界规模的生产力可以把国内因货币问题而引起的不正常物价上涨扼杀在萌芽中。只要货币不是无节制发行，流通的货币只能要么转化为生产力，要么被固化为财富。

总之，消费推动的经济增长模式下的货币发行实质上也就是中国的货币发行，到目前为止是这样的。

中国的货币发行不仅要着眼于当前，强化以国有资本为主导的独立资本体系，完善中国技术体系，毕竟中国的廉价劳动力总有一天会消失。越过由消费推动的劳动力价格临界线终究还得靠技术推动，而且也只有技术才能直接把发行的货币转化为生产力，固化为财富，从而确保中国独立的资本体系。同时还要着眼于未来，着手完善中国的股票和国债市场，毕竟中国经济总有一天会由发展中经济体向发达经济体转型，这种转型没有人民币世界货币化为保障是无法完成的，而股票和国债市场又是支撑人民币世界货币化的两大支柱。

第九章

两次世界大战前的资本主义经济发展历程

世界经济在资本产生之前是一种断裂的、缓慢的和自然的发展历程，各国间的贸易往来主要以交换互缺商品为目的。资本产生后，在资本逐利性驱使下，资本在世界上的扩张直接打破了之前的断裂性、缓慢性和自然性延续状态，使世界经济的发展表现为统一性、快速性和被资本支配性。各国间的贸易往来也由以交换为主转向以营利为主。因此严格地说，资本主义经济的兴起可以看作是现代世界经济发展历程的开端。世界经济的现状就是由这一历程发展而来的，或者说是这一历程的现实存在状态。

现代世界经济的发展历程是由资本主义经济的发展历程、发展中国家经济的发展历程和社会主义国家经济的发展历程三部分组成。在社会主义经济发展历程中，东欧和苏联部分与本书论述的问题无关，无论述必要，社会主义中国部分和发展中国家的经济发展历程及资本主义国家二战后的经济发展历程，在本书前面章节及后面章节中都有所涉及，为避免重复，这里不再论述，本章只对资本主义国家二战前的经济发展历程作以叙述。

第一节　资本主义经济兴起和发展初期阶段

资本在整个资本主义经济发展历程中都是居于统治地位的，但在兴起和发展阶段，家族式资本居于统治地位。这个时期也是资本主义经济发展史上最野蛮、最黑暗的时期，资本被少数资本家所控制，由资本所主导的社会收入分配制度也被少数资本家所支配，占多数人口的工人和农民在社会收入分配中处于劣势地位。这就使作为消费主体、以收入分配为主要消费来源的广大工人和农民能用于消费的收入处于极低状态，社会新增价值的大部分被资本的所有者——资本家所占有。消费需求不足是那一时期的基本特征。

低层级的消费需求是不足以作为动力推动资本成规模扩张和经济较快增长，能做到这一点的只有技术。因此，在技术革命发生之前，资本扩张和经济增长都是比较缓慢的，资本的积累也很难实现，只能通过对内剥削和对外掠夺实现。

第一次工业革命的发生为资本积累创造了广阔的投资空间和投资渠

道，资本在技术推动的资本投资作用下开始成规模地扩张。技术推动的资本投资所创造的商品供给本身具有创造自身需求的能力，在未能满足由供给本身所创造的消费需求之前，技术推动的资本投资的增长就不会停止。因此，只要技术持续增长，由技术推动的资本扩张就会持续。资本与技术的结合是技术革命进程中资本主义经济的总体特征，没有技术革命的发生，资本主义经济就无法取得历史上的辉煌成就。技术作为推动资本主义经济增长动力的出现，标志着一种推动资本主义经济发展的支配性力量登上了历史舞台，也标志着供给型经济增长时代的开始。

技术革命改变了资本积累和扩张方式，却未改变其在经济活动中的统治地位和社会收入分配中的支配地位，相反，技术革命把家族式资本在经济活动中的统治地位推向了顶峰。随着资本的扩张，虽然消费也出现了较快增长，但社会新增价值的大部分都被资本所占有，从而使消费的增长远落后于资本的增长和资本所提供的商品供给增长。消费需求不足在技术革命发生后仍然是资本主义经济生活中最基本的特征，或者说，相对于资本的增长和资本所提供的商品的增长，消费需求越发不足了。在社会总体购买力中，资本购买力所占的比重远大于最终购买力，消费需求对经济增长的推动作用也就越发有限了。

在以技术为主要推动力的整个供给型经济增长阶段，消费对资本主义经济增长的推动作用都是辅助的、有限的，但却对资本投资目的的实现起到最终决定性作用。资本投资的目的是获取资本的价值增值，价值增值的实现是通过出售商品的使用价值获得的，最终购买力是以购买商品的使用价值并用于最终消费为目的，它对资本投资目的的实现起着最终的决定性作用。也就是说，在由技术推动的供给型经济增长阶段，消费虽然是推动经济增长的辅助性动力，但却对技术推动的经济增长的实现起着最终的决定性作用。

由技术推动的供给型经济增长模式下，供给本身虽然能够创造出自身的需求，但消费需求的高低却不能决定供给，而能决定由供给所创造的消费需求的大小。就是说，在由技术推动的供给型经济增长模式下，所提供的商品供给在未能满足由供给本身所创造的消费需求之前，资本投资增长就具有无限扩大的趋势。一旦供给超过了其自身所创造的消费需求或供给不再具有创造消费需求的能力，供给或者说资本投资的增长就会受到最终购买力的限制。

事实上，以技术为主要推动力的供给型经济增长模式是资本购买力居于主导的经济增长模式。在这一模式下，在供给所创造的自身消费需求得到满足前，资本在逐利本性的驱使下是很容易使资本投资出现高涨性和无序性的，这就让供给本身所创造的消费需求经常处于过剩状态。没有社会最终购买力的支撑，资本投资的高涨性和无序性在供给超过其自身所创造的消费需求时，常常会突然陷入停顿，即爆发资本主义经济危机。

这时经济体就产生了如下矛盾：一方面，资本在经济生活中的统治地位使它在收入分配中也处于统治地位。通过对新增价值的占有，资本销蚀着最终购买力，从而使消费需求在经济中表现为经常性的不足。另一方面，在以技术为主要推动力的供给型经济增长模式下，资本在逐利本性驱使下很容易使技术推动的资本投资出现无序性、高涨性及无限扩大的趋势，没有社会最终购买力作为接替技术的动力去推动经济增长，一旦供给超过其自身所创造的消费需求，资本投资增长就会突然陷入停顿。在资本购买力居于主导地位的经济体中，资本投资增长的突然停顿会通过资本购买力链条迅速传遍整个经济体，从而使整个经济体资本价值增值突然停止。

资本对新增价值的剥夺与资本价值增值的实现之间的矛盾，即马克思经济学说中所说的“生产资料资本主义私有制与生产社会化之间的矛盾”。这对矛盾构成了资本主义社会的根本矛盾，它是资本主义经济体中所有主要经济矛盾的根源，特别是生产与消费之间的矛盾，经济增长越快，矛盾就积累越深；经济越发高涨，矛盾就越发尖锐。当矛盾过于激化时，就会以经济危机的形式表现出来。经济危机也就成了此时期资本主义经济生活中最主要、最基本的经济现象。

经济危机是资本主义兴起和发展阶段以技术为主要推动力的供给型经济增长模式下经常性的经济现象，它具有明显的周期性，又总是以突然爆发的形式表现出来。经济危机有以下两种不同的表现形式：一是在技术革命过程中发生的经济危机。危机发生时，在技术革命中所创造的新技术尚未普及或技术增长尚在持续；危机过后，在技术推动的资本投资的带动下，经济能够迅速恢复和发展起来。二是在技术革命末期所产生的新技术已经普及的情况下发生的经济危机。由于危机发生时，技术革命已接近尾声，技术增长已经停滞，新技术在经济体内已基本普及，危机过后，资本对技术的投资会因技术的普及和技术增长的停滞而受阻，技术与资本的结合就很难实现，由技术推动的资本投资对经济增长的动力作用也随之弱化，经济体也就失去了维持其增长和推动其在危机过后迅速恢复的主要动力。此时，经济的恢复会更加困难，经济危机引起的灾难也会更加深重。

爆发于1873年的资本主义经济危机，就是在第一次工业革命末期所产生的新技术在资本主义各国已基本普及的背景下发生的。

技术的应用和普及过程是以资本的运动为前提的，技术在资本主义各国的普及过程，也是资本同规模扩张的过程。资本在国际间的扩张运动所形成的国际资本购买力链条把资本主义各国的经济紧密地捆绑在一起，链条上任何一环的交易出现中断或波动都会迅速传遍整个链条，即当链条上的任何一国发生经济危机时，它就会使危机迅速传递到链条上的其他国家。因此，1873 年的资本主义经济危机是第一次具有世界性、统一性的资本主义经济危机。危机所造成的灾难性后果无论是规模上、深度上还是广度上都超过了以往。

技术革命末期，技术在经济体内的普及和技术增长的停滞直接收缩了由技术推动的资本投资空间和渠道，技术与资本的结合变得困难，由技术推动的资本投资对经济增长的推动作用也随之弱化，资本主义经济失去了在危机中迅速恢复的动力。危机后的经济萧条具有持久性，持久性的经济萧条必然促使资本主义国家转而寻求外部途径来转嫁危机造成的后果，以实现危机后的经济恢复。因为这次危机的背景是技术在整个资本主义经济体上的普及，所以资本主义国家所要寻求的外部途径也就不再仅限于或主要限于资本主义世界范围内，而是全球范围内，由此拉开了资本在全球范围内成规模扩张的序幕。这次危机因此成为资本主义经济发展史上，也可以说是现代世界经济发展史上的一个重要转折点。

在第一次世界性资本主义经济危机爆发之前，由技术推动的资本扩张和商品竞争主要集中在国内，这次危机的发生造成资本主义各国国内商品和资本的大量过剩，从而使资本的扩张和商品的竞争开始由国内竞争为主转向国际竞争为主。这就使资本主义各国纷纷抛弃自由资本主义时期的自由贸易政策，促使贸易保护主义迅速兴起并发展起来。与这一趋势相适应，竞争的主体也由国内竞争时期以家族资本为主体的竞争转向国际间以垄断资本为主体的竞争。盛极一时的家族式资本也开始走向衰落并逐渐被垄断资本所代替，资本主义的社会形态也由自由资本主义形态向垄断资本主义形态过渡。

在由技术推动的供给型经济增长模式下，资本和商品在国际间竞争的目的是实现资本的价值增值，而这是通过争夺和占有世界市场实现的，因此，这个竞争实际上就是对世界市场的争夺和占有。危机爆发后，为了给本国供给过剩的资本和商品寻找出路，资本主义各国对世界市场的争夺和占有开始趋于强化。主要通过以下两种方式实现：

一是武力征服的方式。对第三世界国家市场的争夺和占有就是通过这种方式完成的。从1873年资本主义经济危机爆发到19世纪末期，资本主义各国掀起了一股瓜分世界的狂潮。短短二十几年间，世界被他们瓜分完毕。第三世界国家基本上都被纳入资本主义经济体系之中，变成了资本主义国家的殖民地和半殖民地，这就形成了影响资本主义经济发展历程的另一对主要矛盾，即资本主义国家与殖民地半殖民地国家之间的矛盾。

二是国际间经济竞争的方式。资本主义国家之间对市场的相互争夺和占有就是通过这种方式完成的。任何一个国家的市场都是由社会购买力即资本购买力和最终购买力构成的，最终购买力也可以细分为由技术性商品创造的自身消费需求部分和一般存在的消费需求部分，也就是说，任何一个国家的市场都是由技术、资本和以货币形式而存在的最终购买力三部分构成的。国内市场的大小是由该国的社会收入分配政策决定的，是一国政治实体的一部分，受国内政治制约，是一个有边界的系统。在国内市场，无论是实物货币还是信用货币，都是以国家为背书的，是强制流通的。世界市场就不同了，世界市场是各国国内市场的总和，它不属于任何一个政治实体，不受任何一国政治的制约，是一个完全没有边界的系统。世界市场只能由技术、国际资本和世界货币组成，这三者又都是开拓世界市场的工具。一方面，由技术推动的资本投资所提供的商品供给本身能够创造出属于自己的世界市场；另一方面，相对于国内市场，世界市场属于技术层面的竞争性市场，世界市场的开拓过程实质上也是技术在世界范围内的应用和普及的过程。这个过程也是资本同规模的运动过程，特别是国际资本，它在世界范围内的流量和流向直接决定着世界市场的大小和方向。而在世界市场上，只有世界货币才具有国际资本的性质。因此，只要控制了世界货币，就能控制技术和资本的运动，就能通过对外支付、借款等货币输出起到人为地为本国商品开拓和占有世界市场的作用，进而控制世界市场。在当时的条件下，任何一个资本主义国家的技术、经济、政治和军事等综合能力都不足以支持本国的信用货币——纯纸币成为世界货币，世界货币只能是本身具有价值的贵金属——黄金和白银。由于白银价格易受波动，黄金就成了最基础的世界货币。为了取得对世界货币的控制权，从而在国际竞争中处于优势地位，资本主义各国的货币政策在1873年世界性资本主义经济危机爆发后，纷纷由金银复本位制向单一的金本位制过渡。到19世纪末期，这一过渡基本完成，正式确立黄金单独作为世界货币的本位货币，国际经济竞争基础的国际金融货币体系也正式建立起来。随着以黄金为本位的国际金融货币体系的建立，影响资本主义经济发展历程的另一对主要矛盾，即资本主义国家与资本主义国家之间的矛盾也逐渐形成。国际间经济竞争的核心自此迈入了世界货币体系的竞争，至今也是如此。

至此，在资本主义经济兴起和发展阶段，影响资本主义经济发展历程的三大矛盾，即生产资料资本主义私有制与生产社会化之间的矛盾、资本主义国家与殖民地半殖民地国家之间的矛盾和资本主义国家与资本主义国家之间的矛盾全部形成。

以第一次世界性资本主义经济危机为起点，由技术推动的资本主义经济竞争由国内向国际转变、资本主义经济由自由资本主义性质向帝国主义性质的过渡、影响资本主义经济在兴起和发展阶段发展历程的三大矛盾的形成及以黄金为本位的国际金融货币体系的确立，标志着国际间资本和商品大规模竞争时代的开始，资本主义经济迈向了经济国际化时代。

第二节　资本主义经济国际化竞争阶段

资本主义经济国际化进程是由技术推动的，是以技术为主要推动力的供给型经济增长模式下资本主义经济中主要矛盾激化的必然结果。由于这个进程几乎是单独由技术所推动，因此，在资本主义经济国际化时代，国际间资本和商品的竞争尚还主要集中在流通领域，国际间经济竞争的目的是为国内过剩的资本和商品开拓和占有世界市场并最终实现资本的价值增值。

由技术推动的资本主义经济国际化是资本主义经济全球化的前身和基础，或者说，由消费推动的资本主义经济全球化是在由技术推动的资本主义经济国际化的基础上形成和演化而来的。

资本主义经济国际化进程是完全由资本主义国家所主导的，是建立在损人利己的基础上，其目的就是试图从外部来缓解和解决由资本主义内部矛盾所引起的资本主义经济危机。历史事实已经证明，这是一厢情愿的。它不仅不能从根本上解决经济危机，甚至对缓解经济危机的作用都是有限的。相反，它却使原有的矛盾越发尖锐和复杂了。

19世纪80年代中期，以电力的广泛应用为标志的第二次工业革命把资本主义经济从1873年危机泥潭中拔出。这次革命促成了电力、石油、化工、汽车及航空等系列新兴工业部门的建立，资本主义经济体系因此获得了空前的扩张，并极大地拓展了资本的投资领域和投资渠道，资本主义经济在新技术、新行业投资的带动下快速恢复并发展起来。这次新技术革命前后共持续了二十多年，在此期间虽然也有几次小规模的经济危机发生，但在资本对新技术投资的重新带动下，经济很快恢复并发展起来。因此，这几次小规模的经济危机并未影响到资本主义经济的发展。

经过二十多年的发展，资本主义经济再次走向了繁荣和辉煌，同时也为资本主义社会各种经济矛盾的激化及下次经济危机的发生奠定了基础。

到20世纪初，新技术的增长开始缓慢下来，第二次工业革命中所产生的新技术通过国家间资本链条在国家层面上即将普及，在第二次工业革命接近尾声时，又一场以工业革命中所产生的新技术在资本主义各国的普及为背景的世界性资本主义经济危机日益临近。而资本主义经济的国际化及资本主义经济体系的扩张和经济规模的扩大意味着日益临近的经济危机将更具世界性和规模性。到了1914年，危机的阴影已笼罩整个资本主义世界。

在资本主义经济国际化时期，资本主义经济的竞争已经由以国内经济竞争为主转向以国际经济竞争为主，危机在这一时期所造成的社会后果主要由外部矛盾所体现，即主要由资本主义国家与殖民地半殖民地国家之间的矛盾和资本主义国家之间的矛盾所体现。在前一种矛盾中，资本主义国家是居主导地位的，当矛盾激化时，资本主义国家就会强化对殖民地半殖民地国家的盘剥和掠夺。而在后一种矛盾中，双方都居于主导地位，当矛盾激化时，就具有了复杂性和难以调和性。事实上，在整个资本主义经济国际化时期，资本主义国家之间的政治和经济活动几乎都是围绕资本主义国家之间的矛盾而展开的。由经济竞争引起的矛盾主导着资本主义国家之间的矛盾走向，以黄金为本位的国际金融货币体系也就成了矛盾的焦点。在资本主义经济国际化时期，金本位制是一国参与国际经济竞争的前提，也是一国在竞争中取得优势的基础和保证，放弃了金本位制就等于放弃了对国际经济竞争的参与。因此以黄金为本位的国际金融货币体系是适应当时国际经济竞争需要的。但随着资本主义经济体系的扩张和经济规模的扩大，这一体系自身存在的矛盾越发显现、激化并最终变得不可调和。

首先，在技术推动的供给型经济增长模式下，以黄金为本位的国际金融货币体系本身就是一种排斥性的和非共生性的国际金融货币体系。随着国际间经济竞争的加剧，这种排斥性和非共生性逐步显现出来，由此引起的资本主义国家之间的矛盾也就具有了尖锐性和不可调和性。

其次，资本主义经济体系的扩张和经济规模的扩大，必然要求国际金融货币体系与之相适应。但在以黄金为本位的货币体系下，货币的发行并不是由政府决定的，而是由黄金的产量决定的，但当时黄金的产量远远不能满足需求，这必然使以黄金为本位的国际金融货币体系越发处于不稳定和动荡之中，进而使建立在其基础之上的整个资本主义国际经济竞争体系也处于无序和混乱之中。货币的不足必然使商品的比价调整对经济发展的调节表现为向下的和非良性的，而且也必然要削弱资本推动经济增长的动力作用。

到第一次世界大战前夕，以黄金为本位的国际金融体系已成为资本主义经济发展的严重障碍。一方面，资本主义各国为了在国际经济竞争中取得优势必然维持金本位制的存在；另一方面，随着资本主义经济体系的扩张和经济规模的扩大，金本位制的存在已经成为资本主义经济发展的巨大障碍。在供给型经济增长模式下，以黄金为本位的国际金融货币体系本身存在的矛盾被激化时根本就无法调和，由此引起的资本主义国家之间的矛盾也就具有了不可调和性。

当 1914 年一场更大规模的资本世界的经济危机来临时，资本主义国家之间这种具有不可调和性的矛盾激化到了顶点，战争成了解决这一矛盾的唯一手段和途径。第一次世界大战就是这种矛盾激化的结果。

战争并未缓解资本主义经济危机，也未能解决资本主义国家之间的矛盾，反而把资本主义经济推入了极度混乱的状态之中。战后，很多资本主义国家在战前实行的金本位制要么崩溃，要么有名无实，各国的货币制度陷入混乱和无序之中。把资本主义各国经济紧密维系在一起的国际金融货币体系已不复存在，国际间的商品交易受到了阻碍，商品交易量极度萎缩。在这种情况下，要实现资本主义经济战后的恢复和发展，就必须首先重建国际金融货币体系。

早在一战之前，两次工业革命中所产生的新技术基本实现了经济体系上的普及，资本主义经济体系获得了极大的、空前的扩张。技术在资本主义各国经济体系上的普及是通过国际间资本链条实现的，是技术以生产力的形式在国家层面上的普及而不是数量和规模上的普及，是作为技术载体的商品在社会较高消费阶层的普及。当技术在经济体系上普及时，由技术推动的资本投资所供给的商品也就不再具有创造自身消费需求的能力，由技术推动的资本投资对经济的推动作用随之弱化。

这时要维持经济的持续增长，就只有通过由消费推动的经济规模和数量上的扩大来实现，即通过技术在经济规模和数量上的扩大来实现。技术在经济规模和数量上的扩大过程实质上也是由消费推动的作为技术载体的商品在社会各消费层级上的普及过程。作为技术载体的商品已不能再创造出自己的消费需求，对其需求的增长只能依靠消费推动。这时，消费对经济增长的重要性和决定性也就更直观了。在这种背景下，要缓解生产与消费之间的矛盾及改变建立在其基础之上的国际关系，实现持久和平，就必须转变经济的增长方式，即实现由技术推动的经济体系的扩张为主向由消费推动的经济规模的扩大为主转变。

要实现这种转换，就必须在战后摒弃各国在战前实行的以黄金为本位的货币制度，实行以政府管理纸币为本位的信用货币，即不兑现的纯纸币的货币制度。

但在战后，建立一种以信用为本位的不兑现的纸币制度事实上是困难重重的。

首先，缺乏理论上的依据。当时占统治地位的经济理论是以萨伊定律为基础的新古典经济学理论，该理论认为资本主义经济制度能自动实现充分就业的均衡，货币只能起到一种媒介作用。政府在经济发展中所起的作用及货币对经济发展的动力作用尚未被人们所认识。

其次，老牌资本主义强国——英国和法国在战争中损失惨重，战后已无力承担重建国际金融货币体系的重任。当时除新兴资本主义强国——美国外，任何一个国家，无论是技术、经济、政治还是军事能力都不足以支撑本国信用货币——不可兑换的纸币的世界货币化。这样，建立战后新的国际金融货币体系的重任自然就落在了美国肩上。当时美国最有能力带头建立起一种新的国际金融货币体系，但事实上，受下述两个方面的影响，美国并未这样做。一方面，当时美国还是一个年轻的移民国家，还未能形成把不同观念融合在一起的哲学文化，而是一种以反殖民主义为核心的大杂烩式孤立主义文化大行其道。另一方面，英法虽然在战争中损失惨重，但它们在工业、贸易、金融及军事能力方面仍然占据着强大优势，旧的国际经济秩序的背后力量依然强大。战后美国虽然在经济、政治及军事等领域都取得了飞跃式发展，但其实力还不足以完全改变旧的国际经济秩序。也就是说，战争并没有摧毁英法在国际经济秩序中的强势地位，而美国在战后的实力也并未发展到能让英法俯首听命的地步。在这种美、英、法势均力敌的情况下，美国要建立一种新的国际金融货币体系就必须要求英法作出巨大让步。这就必然使美国卷入与欧洲列强的政治角逐之中，而这又与美国当时盛行的孤立主义背道而驰。在权衡利弊之后，美国拒绝与欧洲合作，拒绝担负建立新的国际金融货币体系的重任。世界经济因此错失了一次被挽救的机会。

事实上，战后十多年，资本主义各国之间纷繁复杂的政治活动就是围绕建立新的国际金融货币体系而展开的。这种努力常常是以激情万丈而又深谋远虑为开始，但最终所取得的结果却是乏善可陈，甚至是徒劳无益的。

直到20世纪20年代末期，具体说是1929年资本主义世界性经济危机的爆发前夕，在英国试图恢复其在国际金融货币体系中霸主地位的带领下，主要资本主义国家才勉强建立起一种残缺的金本位制——金块本位制。以黄金为本位的国际金融货币体系再次建立起来。事实上，这种恢复旧的以黄金为本位的国际金融货币体系的努力所取得的结果却是事与愿违的和非常糟糕的。

重新恢复这一体系相当于使资本主义经济竞争及建立在其基础之上的国际关系和由此引起的资本主义国家之间的矛盾重新恢复到了战前，也在资本主义经济历经十年恢复并重新兴盛起来之时再次为它套上了一个黄金箍圈。这不仅未能起到稳定战后混乱的国际经济和建立新的国际经济秩序的作用，相反却为1929年资本主义世界最严重的一次经济危机的爆发准备了最重要的，也是最后一个外部条件，也为第二次世界大战的爆发奠定了基础。

第十章

国家的财富来源

在马克思主义政治经济学有关资本的论述中，资本既有自然属性的一面，即资本作为生产力的一部分，能够实现价值增值；又有社会属性的一面，即资本作为生产关系的一部分，决定所有权问题。

本书对资本的论述主要是从资本的生产力属性，就货币与资本之间的相互转换及技术、资本和货币之间的相互结合是如何推动人类社会向前发展而进行的。资本的政治属性不是本书探讨的范畴，但由于资本的政治属性在社会生产关系中占统治地位，它对资本的价值增值、流动方向和收入分配都具有导向性和统领性，是国家财富来源和财富分配的决定性力量，因此本章也是本书唯一一章关于资本政治属性的论述。

第一节　资本主义国家的财富来源

在马克思关于政治与经济之间关系的经典理论中，政治是上层建筑，是根源于经济的，是建立在一定经济基础之上并由该经济基础决定的。就是说，任何形式的政治制度都不能离开经济基础而孤立存在，它总是在一定经济基础之上产生并为这一经济基础服务的，受这一经济基础制约的，也是产生它的经济基础的经济利益的集中体现。这里的经济基础和经济利益通俗说就是财富的来源和分配及谁在其中占据统治地位。

在人类历史上，资本主义首先在欧洲兴起并确立统治地位。任何形式的社会政治制度的兴起，都源于新的阶级夺取并掌控了产生它的那个社会的财富来源和财富分配权；其灭亡，也都源于旧的阶级失去了掌控产生它的那个社会的财富来源和财富分配权。古今中外，概莫能外。本质上，人类一切政治、经济和军事活动都是建立在夺取、掌控和维护一定社会的财富来源和财富分配权的基础上，都是围绕着一定社会的财富来源和财富分配权而展开的。

在资本主义兴起之前，一个国家和地区的财富基本上都来源于土地。无论是社会制度的更替，还是同一社会制度内部朝代的更迭，其过程都是围绕着对土地及土地上的财富的争夺而展开的；都是源于居统治地位的阶级失去了对土地及土地上的财富的掌控和分配权、新的统治阶级掌控了对土地及土地上的财富的控制和分配权。

这一本质特征，在中国和欧洲表现得最典型，不同的是，受地理位置和文化差异的影响，两者在表现形式和结果上大相径庭。

统一的、中央集权的国家传统一直都是中国文化的核心，国家权力更多的是用来实现和维护国家的统一和权力集中。严格来说，中国文化是一种维护性文化、包容性文化，它不具有好斗性、攻击性和掠夺性。

纵观中国各朝各代，几乎找不到它对外掠夺财富和通过对外掠夺实现财富增值的历史。几千年来，中国各个时期的财富和财富增值都来源于其掌控的土地。中国历史上，从一个朝代的初期，国家掌握着大量财富和财富来源，土地用于分配；到这个朝代末期，土地兼并，国家失去了用于分配的财富和财富来源——土地。

受地理和文化差异的影响，在欧洲，一个王朝初期从国家掌控土地分配权到土地兼并（由于欧洲不存在像中国历史上真正意义上的农民，因此欧洲的土地兼并主要是在封建主之间进行的，其中大部分又是通过征伐进行的，但并不影响其本质上仍是围绕土地而展开的），再到国家失去土地分配权，这一历史轮回虽然不具备中国那样明显的特征，但本质上也没跳出这一规律之外。在欧洲整个封建时期，其政治、经济和军事活动与中国的封建时期一样，都是围绕着当时的财富和财富来源——土地而展开的。

欧洲文化的核心是个体独立，所谓的国家也是每个个体与国王之间靠“权利和义务”契约联合起来的一个整体。在资产阶级占据统治地位前的欧洲历史中，欧洲大陆上从没形成过一个统一的中央集权式国家，即使是在威斯特伐利亚体系形成后确立了主权国家概念，欧洲各国内部除了尚存争议的西班牙，也从未形成过中央集权式国家。文化上对个体独立的追求、政治上的分裂现状，使欧洲各国及内部为争夺土地及土地上的财富彼此征伐不断。严格来说，欧洲文化本质上具有好斗性、攻击性，对外经常表现为侵略性和掠夺性。

从地理位置上看，欧洲大陆岛屿、半岛众多，海岸线曲折，属于开放性海洋大陆，历来商业和贸易发达。15 世纪，随着欧洲人口增长、农业生产力提高和土地兼并，能耕种的土地承载能力达到极限，越来越多的人被阻断了依靠土地养活自己并实现财富增长的路径。工场、手工业、商业和贸易虽然在当时经济中的占比很小，但它是当时除土地外唯一的财富来源。那些依靠土地不能够养家糊口的人最后只能以自由人的身份，到工场、手工业、商业和贸易领域出卖劳动力，并最终使资本主义性质的生产方式成为当时经济活动中的普遍经济现象。资本主义从萌芽到兴起是具有划时代意义的历史现象，它意味着资本开始取代土地成为人类社会财富的主要来源。同一时期，作为本位货币的黄金也成为当时主要的流通货币，并在流通中逐渐超越作为商品交易“中介”的货币范畴而成为了财富的象征，进而成为人们追逐的对象。更关键的是，黄金成了当时新生资本家急于进行资本积累的对象，这也为接下来欧洲人开辟新航路、资本对外扩张和殖民统治提供了动力。

同期，地理知识、航海技术和造船技术的发展，让欧洲人对外寻找、开辟新的财富来源并掠夺、占有新的财富就成了必然，特别是新兴资本家为完成资本积累而急于对外扩张的愿望已势不可挡。新航路的开辟和地理大发现就是在上述背景下发生的。

新航路的开辟和地理大发现加速了资本主义从萌芽到兴起的过程，打破了世界各地的孤立状态，但也导致了殖民掠夺和殖民统治的出现。资本为了占有更多的生产资料、资源和为商品开辟更大的市场，在世界各地进行了残酷的殖民掠夺和殖民统治。资本就是在对内剥削、对外殖民掠夺的过程中完成了资本积累，用马克思的话形容就是“资本来到世间，从头到脚每个毛孔都滴着血和肮脏的东西”。

当完成资本积累，确立统治地位后，资本取代了土地成为资本主义社会财富的主要来源。这样资本就改变了人类社会几千年来财富几乎都来源于土地的传统，也改变了人类社会几千年来围绕着土地这一中轴向前发展的历史进程，并成为资本主义社会也是人类社会里程碑式事件。此后，资本主义社会的所有政治、经济和军事活动都将围绕着资本这个中轴而展开。

随着欧洲资本向世界范围的扩张，资本所到国家和地区，无论是制度、文化还是风俗都被裹挟，并被迫加入以资本为中轴的历史进程中，这些国家和地区的制度、文化甚至风俗开始慢慢弱化并逐渐瓦解，逐步沦为欧洲资本的殖民地、半殖民地。随着欧洲资本的持续扩张，整个世界都被裹挟进了资本主义构建的资本体系之中。

一、资本主义初期阶段的财富来源

从资本主义兴起到资本主义生产资料私有制度的确立并巩固其统治地位的时期可以看作是资本主义经济增长和发展的初期阶段。资本为夺取、维护其在社会收入分配中对财富来源和财富分配的掌控权，必然会催生出一整套成体系的政治制度。政治是建立在一定经济基础上的上层建筑，是经济基础的集中体现，并为这一经济基础服务，而资本主义民主是资本主义生产资料私人所有制在政治上的集中体现，因此，站在资本主义民主这一上层建筑上看资本主义国家的财富来源和财富分配会更清晰、更具本源。资本主义民主本质上就是为资本夺取、维护其在社会收入分配中掌控财富来源和财富分配权的政治工具。资本主义民主的发展过程必然与资本的扩张过程一脉相承，必然也随着各个时期财富来源和财富分配的演化而演化。

在这一阶段，社会财富的来源，无论是土地或是资本，仍然集中在一国内部，国王和封建统治者掌控着社会财富的来源和财富分配的权力。在资本夺取统治地位后，资本虽然掌控了这种权力，但在很长时间内，它仍然面临着国王和封建势力复辟重新夺取权力的危机。

这一阶段是资本主义民主形成并逐步取得统治地位的时期。资本主义民主的核心价值是立法、行政和司法“三权分立”，即议会、政府和法院三者间彼此“权力制衡”。由于国王和封建主仍然掌控着社会的大部分财富来源和财富分配权，资本的主要任务就是保护自己的财富免受封建主侵蚀，并逐步夺取掌控国家财富来源和财富分配的权力。资本的主要敌人是国王和封建主，而资本内部尚未形成各利益集团。因此，这一时期，资本主义民主所谓的“三权分立”和“权力制衡”是代表资本的势力与代表国王和封建主的势力之间的权力分立和权力制衡，资本主义民主在这一时期的任务就是保护资本创造的财富在社会收入分配中更倾向于资本一方，并最终帮助资本夺取对国家财富来源和财富分配的权力。

反封建并夺取、维护资本在社会收入分配中掌控财富来源和财富分配权，是资本主义民主在初期阶段的本质，甚至是唯一的目的。因此，资本主义民主是一种改变国家政权性质的政治工具。在资本居于统治地位后，大多数的农民和劳工阶层仍然处于被剥削的地位，对于他们而言，资本推翻国王和封建势力的统治、确立自己的统治地位后，只不过是权力由国王和封建主传递到资本家和资本的代理人手中，资本主义民主改变的只是他们的身份，并没有改变他们在社会收入分配体系内被剥削的地位。所以资本主义民主根本不是资产阶级所鼓吹的具有“普世价值”的一种“核心价值”追求。

二、资本主义经济扩张阶段的财富来源

从资本主义确立并巩固其统治地位到二战结束这一时期，可以被称为资本主义经济增长和发展的扩张阶段。在资本确立统治地位后，特别是在两次工业革命的推动下，资本为了占有更多的生产资料和为商品开拓更大、更广的市场，开始了大规模的对外扩张。挟带着坚船利炮的资本很快就把这个星球上角角落落都裹挟进资本体系中并为之服务。资本所到之处，摧毁一国政权、剥夺一国主权、掠夺一国财富，使当时除资本主义之外的国家和地区很快变成了资本的殖民地和半殖民地。资本的这种扩张直接改变了资本主义国家的财富来源，使财富从主要来源于国内开始向主要来源于国际转变，财富分配体系也由主要通过盘剥本国人民开始转向掠夺、压榨、剥削世界人民。反过来，掠夺和盘剥来的一部分财富反哺国内，相对而言缓和了国内阶级矛盾。但资本在世界范围内对原材料和商品市场的争夺，造成不同资本主义国家之间的重重矛盾，更是直接催生了两次世界大战。

单独的资本扩张是无法把不同制度、不同文化、不同风俗的国家和地区裹挟进资本体系之中并为之服务的，只有整个体系的扩张，即政治、经济、军事、文化的对外扩张才可以。资本主义民主在这一时期成为将更多国家裹挟进资本体系中的政治工具，特别是在改变一国政权性质和在当地培养资本代理人方面，是最具效力的政治工具。即使是现

在，资本主义民主仍然是西方国家对发展中国家推行“和平演变”和“颜色革命”，在发展中国家培植西方资本代言人最重要的政治工具，甚至是唯一有效的政治工具。

上述只是资本主义民主的一面，其实资本主义民主还有更隐秘的另一面，即资本主义民主才是对外攫取、掠夺财富和推动资本大规模对外扩张的推手，技术革命只是推动资本对外扩张的条件而已。

资本在巩固统治地位之后，资本的敌人——国王和封建主已不存在，即使部分国家的国王尚存，那也是象征性存在了。为掌控更多的财富来源和在财富分配中更倾向于本集团的利益，资本内部各利益集团开始分化并最终形成各种形式的资本分利集团。资本主义民主的核心“三权分立”和“权力制衡”开始由资本与国王和封建主之间的权力分配和权力制衡转向了资本内部各利益集团之间的权力分配和权力制衡。为平衡各利益集团的财富分配，资本需要一个或多个共同目标，从而能从这些共同目标手中夺取或掌控更多的财富来源和财富分配权。所以，资本主义民主在这一阶段必须要为资本寻找下一个或多个目标，否则就只能在内斗和内耗中逐渐走向消亡。因此，资本主义民主在这一时期的主要任务和目的就是，对外攫取和开拓更多的财富和渠道以满足资本各利益集团的需求、平衡资本各利益集团的收入分配。

一国的财富和财富来源是有限的，如果资本各利益集团对财富的争夺仅限于国内，那一个利益集团多得的，一定是另一个或几个利益集团失去的，显然这是一种对财富争夺的零和游戏。在一国内部有限的财富来源下，资本主义民主无论如何成熟也无法协调资本各利益集团的矛盾。一旦这种矛盾不能调和，就会使资本主义民主本身岌岌可危，资本主义政权的巩固和统治地位也会成问题。因此，这一时期，为资本开拓更多的财富来源渠道也就成了资本主义民主的主要任务和目的，对外扩张也就成了一种必然。

无论是资本逐利的本性或是二次工业革命，都不是资本对外大规模扩张的原始动力，资本主义民主才是根和源，工业革命只是决定了资本对外扩张的规模大小。

资本主义民主本质上与资本的扩张性、逐利性是一脉相承的，如果说在资本主义民主初期阶段，资本主义民主打着自由、平等、博爱和人权的旗帜，鼓吹“普世价值”，反国王和封建主，尚具有隐蔽性和迷惑性，那么在这一阶段，资本主义民主的本质早已暴露在阳光之下，它绝不是资产阶级所鼓吹的具有“普世价值”，甚至与“普世价值”渐行渐远，成为了一种“杀人不见血”的资本对外扩张的政治工具。

三、战后资本主义的财富来源

第二次世界大战结束至今可以看作是资本主义经济演化为发达经济并走向经济全球化的阶段。战后发生的第三次工业革命持续了二十多年，无论从深度还是广度，都是一场空前的新技术革命，其间大量的财富被创造出来。同一时期，仅靠这次技术革命中创造出的众多技术性商品，西方资本就从外部赚取大量的财富并源源不断输回国内，众多高附加值的技术性商品也为劳动者提高劳动报酬提供了可能，这些都为西方资本主义各国施行更倾向于低收入阶层的收入分配制度改革提供了物质基础。西方国家的国民消费水平逐步抬升，消费作为推动经济增长的动力开始崭露头角并逐步上升为与技术并列的、推动经济增长的主要动力。

消费上升为与技术并列的、推动经济增长的主要动力，技术革命、资本取代土地成为国家财富的主要来源，及接下来要发生的西方国家信用货币演化为世界货币并取代资本成为西方国家向国内输送财富的主要工具，都是资本主义经济发展史上的里程碑事件。

在这一过程中，那些适应了消费增长和消费升级的行业和企业开始兴起和发展，那些不能适应的则被经济体淘汰、萎缩。特别是在三次工业革命推动下，劳动力价格上涨达到其临界线而引起的生产力结构与劳动力结构之间的矛盾，及由劳动力价格上涨催生的西方经济体内部的比价调整直接掀起了20世纪七八十年代西方国家社会生产力在世界范围内的转移浪潮。西方国家社会生产力在世界范围内转移的过程，不仅是西方资本在世界范围内扩张、构建由其主导的国际资本体系的过程，也是作为西方资本载体的信用货币在世界范围内演化为世界货币的过程。

西方国家构建主导的资本和货币体系在世界范围内的完成，意味着在西方国家技术化经济基础上形成的资本收益率，成为世界范围内的标准资本收益率。西方国家的信用货币就是利用这一标准资本收益率来收割世界财富的。作为西方资本载体的信用货币演化为世界货币，则意味着西方国家的信用货币开始取代资本，成为西方国家从外部输送财富的主要工具。到20世纪90年代，随着西方国家社会生产力在世界范围内转移的结束，西方国家实现了把本国的生产建立在世界范围内的消费基础之上、把本国的消费建立在世界范围内的生产基础之上所需的全部条件，即西方国家的经济进入经济全球化时代。

经济全球化时代，西方资本不仅要从外部赚取更多的财富用于调节国内收入分配，缓和国内矛盾，包括缓和阶级矛盾的收入分配、缓和资本各利益集团财富分配，还要通过对外支付来应对消费需求多样化和易变性。后者实际上就是要求作为西方资本载体的信用货币具有世界货币的职能。

但无论是西方资本主义国家内部社会收入分配的政策变革，还是从外部满足国内消费需求所需要的对外支付手段，特别是要求作为资本载体的信用货币所具有的世界货币职能，都超出了私人资本的能力范畴，只有代表国家的政府才具备上述职能。而以西方资本为载体的信用货币的世界货币化又是西方国家经济全球化的基础，也是西方国家经济全球化的保证，没有这些就实现不了经济全球化。一旦作为西方国家资本载体的信用货币失去世界货币职能，西方国家的经济就会随之崩塌。

因此在这一时期，以西方资本为载体的信用货币开始被赋予国家经济管理职能，特别是被赋予世界货币职能。西方国家资本的性质也由之前的自由资本——私人垄断资本，全面过渡到国家资本，西方资本主义国家进入国家资本主义时期。

一国的信用货币在演化为世界货币的进程中，或者说一国货币被赋予世界货币职能时，除了该国内部所必须具备的条件外，该国在国际上还必须具备由该国信用货币所构建、主导的属于自己的国际资本体系、国际贸易体系、国际投资体系、国际生产体系及国际支付体系。事实上这也是该国综合实力在国际上的强力表现。

如果说，在此之前，资本通过对外扩张把全世界都裹挟进资本体系中是为了抢占更多的市场、攫取更多的财富和掌控世界财富的分配权，那么西方资本在这一阶段的对外扩张，是要把世界范围内的生产也都裹挟进由其所构建、主导的国际生产体系中，也就是说，被西方资本裹挟进资本体系的国家和地区所需要的技术性商品只能由西方资本生产、提供，它们只能生产西方国家需求的、已被西方国家淘汰出经济体但属于必需品的日常用品和资源类商品。

在这一阶段，西方资本在世界范围内构建起了由它主导的国际资本体系、国际贸易流通体系、国际投资体系、国际生产体系及国际支付体系，并最终形成了由西方资本主导的国际货币体系，西方资本掌控了世界财富的来源和世界财富的分配权。

作为西方资本政治工具的西方民主，自然不会缺席这一过程。

西方资本经过了兴起、扩张直至最终把整个世界都裹挟进由其构建、掌控的世界财富来源和财富分配体系中。在这一体系中，广大发展中国家的经济发展被西方资本牢牢控制着，并被限制在一定范围内。

首先，任何一个国家和地区都摆脱不了这一体系，只有顺应、服务这一体系，才能参与世界财富的分配，实现国民财富全面增长（这可以从外部环境解释中国的改革开放，在突破西方资本所构建、主导的资本体系并利用这一体系实现国富家强方面做得最成功）。否则，除了失败几乎没有另一条路（这可以从外部环境解释20世纪70年代广大发展中国家进口替代型经济发展战略的失败及苏联、东欧社会主义国家的解体）。

其次，任何一个国家和地区内部，只有政治上分权、经济上形成各分利集团，西方资本才能控制该国的资本体系、贸易体系、投资体系、生产体系及国际支付体系，也才能掌控这些国家和地区的财富来源和财富分配权。而那些与西方政治制度不同的国家或一些建立中央政权的国家，必然会与西方资本几百年来孜孜不倦所构建的掌控世界财富来源和财富分配体系格格不入，自然也就成了西方资本打击的对象。这时候，作为西方政治工具的西方民主就“粉墨登场”了。

在这一阶段，西方经济在经历了几次大规模的工业革命和资本扩张后，无论是经济结构、生产力结构都达到了一个新高点，特别是生产力结构在这一时期的扩张，使西方国家的财富来源大都来自外部。依靠大量来源于外部的财富，西方国家不仅缓解了国内各种矛盾，也基本实现了国民富裕。这就给世人造成一种错觉，好像西方国家的繁荣和富裕是实行了西方国家政治制度，特别是西方国家民主制度的结果，加上西方国家的鼓吹和渲染，把西方民主宣扬成了一种“普世价值”甚至“民主的终结”。于是，西方民主就打着“普世价值”的旗号，对所有削弱、阻碍西方资本掌控世界财富来源和世界财富分配权的国家展开了一轮又一轮的“和平演变”和“颜色革命”。“普世价值”之锋利，所到之处几乎“无坚不摧”“哀鸿遍野”。它直接摧毁了苏联东欧社会主义制度，在世界各地挑起事端，任何它认为阻碍、威胁到西方资本掌控世界财富来源和世界财富分配权的国家政权，都是它随时打击和更迭政权的对象。

随着西方政治、经济、军事及货币能力的增强，西方民主对与该体系格格不入的国家政权打击和围堵只会增强而不会变弱。

总之，西方民主从它产生那刻起，就是西方资本对内争权夺利、对外扩张侵略的政治工具。西方民主根本没有西方国家所宣扬、鼓吹得那么高尚，也根本不是什么“普世价值”，更不是什么“民主的终结”，西方民主永远都是维护西方资本、掌控世界财富来源和财富分配权的政治工具。

第二节　发展中国家的财富来源

发展中国家的民主（不包括社会主义民主），几乎都是从西方民主移植（事实上用嫁接更恰当）而来的，发展中国家民主与西方民主在本质上是相同的，都是属于统治阶级争权夺利的工具，都是维护统治阶级掌控社会财富来源和财富分配权的政治工具。与资本主义国家一样，讨论发展中国家的财富来源和财富分配权，也只有站在民主这一上层建筑的高度看才更清晰、更具本源。但相对于西方民主，发展中国家的民主，政治上治理国家的效力更低下，经济上各利益集团离达成共识越来越远。把从西方移植过来的“三权分立”和“权力制衡”放到发展中国家身上，永远都是各种政治利益集团的内斗不止。为什么会出现“南橘北枳”的情况？原因很简单，发展中国家没有西方发达国家那样的经济基础，特别是生产力基础。

首先，相对于西方国家，发展中国家在技术上处于落后状态，这就意味着发展中国家的经济在技术性商品上不具有对外竞争力，这决定了发展中国家的财富只能来源于国内。但一国内部的财富是有限的，在国家没有外部财富来源的情况下，各利益集团对国内财富争夺的结果只能是，一方多占有的一定是另一方或多方失去的，这就决定了各利益集团在国家财富来源和财富分配权的争夺方面具有持久性、不可调和性和极端性。在政治上，台上的一方竭尽全力维护本集团对国家财富来源和财富分配权的掌握，台下的一方也在做着同样的努力，政治上的这种争权夺利同样具有持久性、不可调和性和极端性。各利益集团为了夺取或维护国家财富来源和财富分配权，在选举中必然会选择自己最熟悉的、能确保本集团利益的人，这又造成了家族政治和族群政治在发展中国家大行其道并成为一种普遍的政治生态。很多时候，各利益集团会把本集团的利益置于国家利益之上，而国家利益在这种情况下则日渐式微。

另外，资本天生需要一个或多个目标以夺取和占有更多的财富和财富来源以平衡资本各利益集团的财富分配。而对于技术低下的发展中国家，它们从哪里能寻找到哪怕一个这样的目标？又能从哪怕一个目标手里夺取、占有到财富和财富来源？事实上，发展中国家自身就是西方资本掠取的目标。

其次，因为整个世界都被西方资本裹挟进了由其所构建、主导的各种资本体系中，所以发展中国家的经济早已被西方资本割裂为条条块块，进而成为西方资本所构建、主导的各种资本体系的一部分，特别是资本投资体系。作为西方资本投资体系的一部分，发展中国家的资本平均收益率与西方发达国家是一体的，是紧随西方发达国家资本平均收益率的。一旦西方发达国家发生了新技术革命（比如始于20世纪90年代的信息技术革命）或经济出现了高涨，抬升了西方发达国家的平均资本收益率，发展中国家的资本必然会涌向资本收益率更高的西方发达国家，从而造成严重的资本外流。这时，即使发展中国家把利率提高到极限也难以阻止资本外流，进而造成发展中国家的货币危机。而一旦西方发达国家经济出现衰退需要大量印制货币时，由于国际基础性商品价格都是以西方发达国家的货币计价，就必然会造成世界范围内商品价格的上涨。这种价格上涨也必然会迅速传递到发展中国家，进而又造成发展中国家的经济出现滞胀。

事实上，发展中国家所谓的经济增长和发展也只是西方发达经济增长和发展过程中留下的残羹冷炙。

最后，发展中国家的经济被大大小小的国内外资本所掌控，国家财富的来源和财富的分配权又都掌控在国内外资本手中，政府所能掌控的财富来源和能用于分配的财富少之又少。特别是发展中国家的资本实际上已经成为西方资本体系中的附庸。建立在西方经济技术化基础上的资本收益率就是发展中国家的资本收益率，而发展中国家的经济既无技术上的优势，生产率又低下，资本收益率想要赶上西方，就只能把资本所需求的商品价格压低到极限，把资本供给商品的价格提高到极限。结果就是发展中国家的内部和外部形成奇怪的“剪刀差”。

在内部，凡是资本需求的商品，价格会越来越低；凡是劳工阶层需求的商品，价格会越来越高。或者说，凡是劳动供给的商品，价格会越来越低；凡是资本供给的商品，价格会越来越高。资本与劳动之间的这种“剪刀差”，会造成很大一部分劳动者阶层再努力工作也难以养家糊口，再加上政府没有足够的财富用于社会再分配，整个社会就会出现一种即使再努力劳动也“食不果腹”的群体。现今的中美洲国家就是例证。

在外部，凡是发展中国家供给的商品价格会越来越低，凡是西方发达国家供给的商品价格会越来越高。或者说，凡是西方发达国家需求的商品价格会越来越低，凡是发展中国家需求的商品价格会越来越高，这也是平常所说的发展中国家与西方发达国家之间的“剪刀差”。

总之，所谓的发展中国家民主实际上是一种建立在西方发达经济体经济附庸基础上的民主，这也是一种宿命式的民主，用墨西哥人的一句谚语就是“我们离上帝太远，离美国太近”。

第三节　社会主义中国的财富来源

一、把资本的生产力属性发挥到极致

社会主义民主与西方资本主义民主、发展中国家的民主一样，都是维护统治阶级掌控国家财富来源和财富分配权力的政治工具，但社会主义民主与资本主义民主却有着本质上的区别。社会主义民主的本质是人民当家作主，政府（这里指广义上的政府）代表人民行使掌控国家财富来源和财富分配的权力。本质的不同决定了社会主义中国的财富来源和财富分配无论内容、形式还是现象上与资本主义国家都是不同的。

首先，社会主义民主的核心是人民当家作主。在社会主义民主下，人民是居于统治地位的，政府代表人民统一行使财富管理和财富分配的权力，国家的财富来源和财富分配权统一掌握在人民手中，人民内部的经济利益是一致的。它不会像资本主义民主那样在统治阶级内部形成大大小小的各分利集团，除了对外利益，资本主义民主下的统治阶级内部

根本形成不了利益上的一致性和统一性；社会主义民主也不需要像资本主义民主那样，天然需要一个或多个资本能从中攫取、占有其财富来源和财富分配的目标，以平衡资本各利益集团的财富分配。因此，社会主义民主不像资本主义民主那样天然具有侵略性和掠夺性，社会主义中国的财富来源渠道里没有攫取和掠夺。

其次，社会主义民主是建立在生产资料全民所有制和集体所有制基础上的民主。在社会主义民主下，资本是以国有资本的形式存在的，虽然其他所有制形式的资本与国有资本是共存关系，但其他所有制形式的资本是在政府主导、引领下存在的，是国有资本的必要和有益补充。社会主义民主下这种国有资本为主、其他所有制形式共存的资本模式，不仅能把资本的生产力属性发挥到极致，也合理限制了资本的逐利属性在资本主义民主下的无限制发挥。

在一些人烟稀少的偏远地区，当电力价格和居民消费水平达不到让资本盈利时，资本逐利属性就决定了私人资本不会对上述地区进行电力投资。国有资本就不同了，国有资本的人民属性及其满足人民日益增长的对美好生活需要的生产目的决定了国有资本即使亏损也必须对上述地区进行电力投资。这时候的国有资本对资本生产力属性的发挥就达到了极致。

在资本主义民主下，一旦经济发生了新技术革命，或者在某一领域技术实现突破并带动整个经济体出现了高涨，资本的逐利属性决定了资本会涌向高附加值的新技术领域，从而带动整个资本平均收益率的上升，而那些事关国计民生的低附加值商品领域，其商品生产和流通要么没有足够的资本参与，要么提高商品价格，两者最终都会在消费需求没有增加的情况下造成商品价格上涨或者供给减少。

资本的逐利性运动贯穿整个西方经济发展史，使西方发达资本主义各国在 20 世纪八九十年代实现经济转型、迈向经济全球化。如果不考虑当时劳动力价格上涨、劳动者收入增长的原因，其代价最终都是由底层劳动者承受。即使是现代，这一经济现象在西方发达资本主义国家也是普遍存在的。只是这种现象一方面随着西方资本获取的财富来源向外部转移，从而缩小了范围；另一方面随着 20 世纪七八十年代西方发达国家的生产力向发展中国家转移，发展中国家经济基本上都被纳入由西方资本构建的各种资本体系中，代价自然也由发展中国家来承受。这时，西方民主下的资本就把资本的逐利属性发挥到了极致，而资本的生产力属性则更多成为资本逐利属性发挥过程中的附带和衍生。

总之，社会主义民主下的国有资本更能发挥资本的生产力属性，特别是一些在基础设施和投资周期长、资本收益慢、关乎国计民生的城乡公共设施领域，更能显示出社会主义经济制度的优越性和国家财富的创造性。而在建立在生产资料私有制基础上的资本主义民主下，资本的生产力属性向广度和深度普及的过程和速度受限于资本的收益率水平，只有消费水平足以使资本收益率达到当时的平均资本收益率水平，资本的生产力属性才会向相应的广度和深度普及；只有消费水平使资本收益率超越了当时的平均资本收益率水平，资本的生产力属性普及的速度才会加快。

二、社会主义民主是历史的必然选择

中国的社会主义民主，是历史的必然选择。

技术和消费是推动人类社会经济增长和发展的两种基本动力。西方发达国家经济增长和发展的路径是以技术为主导，当经济增长和发展到一定程度，社会总体消费水平也达到一定水平，特别是二战后又经过收入分配变革，西方经济增长和发展的主导动力也由技术过渡到技术和消费共同主导或交替主导，最后迈入如今西方货币霸权下的经济全球化阶段。而对于发展中国家就不同了，发展中国家在二战后虽然获得民族解放和国家独立，但经济上仍然被裹挟在由西方资本所构建的各种体系中并受到限制。相对于西方发达国家，当时的发展中国家在技术上既无优势，消费又普遍低下。经济增长和发展既不能依靠技术来推动，也不能指望消费来推动。发展中国家要摆脱由西方资本构建的各种体系的控制，就必须建立属于自己的国民经济基础和独立的经济体系，不仅要实现政治上的独立，还要实现经济上的独立，所以除了国有制没有第二条途径。当时的中国是在一穷二白基础上建立起来的新生政权，铁钉和火柴都需要进口，要建立起属于自己的工业基础和独立的经济体系，就只有且必须依靠全民所有制和集体所有制的力量，集中全国的资源和劳动力用于社会主义经济建设。

事实上，当时的社会主义中国迅速建立了社会主义公有制经济并把它发挥到极致，才在社会主义革命和社会主义建设时期构建起了属于自己的国民经济基础和独立经济体系。这也为后来的改革开放奠定了必要的、不可或缺的经济基础。当社会主义中国在公有制基础上完成了社会主义革命和建设，建立起国民经济基础和独立的经济体系后，人民日益增长的对美好生活的需求与当时的社会生产力无法满足这一需求的矛盾开始上升为社会主要矛盾，于是社会主义中国在社会主义民主制度下及时、迅速构建起社会主义市场经济体系。

在这个市场经济体系里，国有资本既能主导、引领整个经济体增长和发展的方向，又能发挥它在公共民生、城乡公共服务及建设周期长、收益慢甚至无收益的基础设施等领域的优势，以提供和维护整个经济体经济增长和发展的基础。而私人资本作为国有资本不可或缺、有益的补充，也发挥了对市场变化具有敏锐性和灵活性的优势。

这时的市场经济体系就是一种建立在属于自己的国民经济和独立的

经济体系基础上的，经济体内各生产要素相互协调的、灵活的、有韧性的、可塑的市场经济制度。这也是社会主义中国改革开放后经济实现崛起的根本原因。

三、实现民族复兴的必由之路

社会主义民主是社会主义中国建立独立的技术体系、资本体系、货币体系、生产流通体系，完成经济转型，实现中华民族伟大复兴的必由之路，也是唯一正确的道路。

一个完整的经济体，它的经济结构自下而上应由三部分组成：处于经济结构最底层的基本盘、处于经济结构中层的成长盘和处于经济结构顶层的技术盘也可以称为引领盘。

基本盘。基本盘就是用于居民基本生活和基本社会活动的生产、流通和消费部分，更具体地说就是能满足居民最基本的衣食住行及正常社会交往所进行的生产、流通和消费部分。比如小卖部、小饭店、小旅店等以零散、单一为主的服务行业就属于基本盘，它们所提供的商品和服务几乎都是小而散的，以维持居民生存为主，并且同一种商品和服务的价格也基本相同而无档次之分。

处于不同发展阶段的经济体，其基本盘在整个经济体量中所占的比重也是不同的。就当前发达经济体与发展中经济体而言，发展中国家的基本盘在经济体量中占据很大比重，尤其在一些贫穷的发展中国家，基本盘在其经济体量中所占的比重甚至超过 90%，成长盘则不足一成，技术盘更是几乎不存在。而发达国家正好相反，基本盘在其经济体量中所占比重微乎其微，甚至不复存在，而处于中层的成长盘和处于顶层的技术盘几乎占据了全部比重。

无论是发达经济体还是发展中经济体，在经济增长和发展过程中，基本盘在短期内都是相对稳定的。在经济体内部，无论是经济高涨还是萎缩，基本上都影响不到它，或者说总是最后影响到它。

成长盘。成长盘就是在基本盘的基础上用于居民基本经济活动的生产、流通和消费的更高层级部分，更具体地说就是满足了居民更高层级的衣食住行及社会交往所进行的生产、流通和消费部分。

无论深度还是广度，服务业在成长盘都获得了大发展，它表现为由基本盘时的单一、零散发展为大而全，比如由小饭店发展为大酒店，由小卖部发展为大卖场。同一种商品和服务既有低档、中档也有高档甚至还有奢侈品。服务行业的层级化和同一种商品、服务的价格差异化是成长盘的基本特征。

与基本盘不同，经济体内的经济高涨或萎缩基本上都是由成长盘来承受的。经济高涨时，它明显显现出经济的欣欣向荣；经济萎缩时，它也同样明显显现出经济的每况愈下。

事实上，成长盘可以分为上下两部分，下部紧贴着基本盘的部分实际上也是基本盘的升级版；上部紧贴着技术盘的部分实际上是技术盘的过渡版。现实中，如果单一经济体内的成长盘的下部体量大于上部体量，那么基本可以判定此经济体为发展中经济体；如果成长盘的下部体量小于上部体量，则为发达经济体。

无论是发展中经济体还是发达经济体，其经济的增长和发展过程都是从基本盘起步，并逐渐缩小基本盘、扩大成长盘和技术盘的过程。当经济增长和发展达到某种程度时，它们的成长盘的上下部之间都会产生一条相同的劳动力价格临界线，即相当于联合国确定的中等收入水平附近。不同的是，发达经济体的劳动力价格临界线是以技术为主动力推动的；发展中经济体则是以消费特别是外部消费即出口为主动力推动的。

在西方发达经济体经济兴起和发展过程中，几次工业革命所创造的新技术，及形成的成规模、成体系的新行业，使西方经济体率先拥有了引领经济增长和发展的技术动力。现今的西方发达经济体，虽然几乎不存在基本盘了，但其成长盘却在技术或者说在技术盘的引领推动下增长和发展起来。因此，发达经济体的成长盘是由技术推动的自上而下的增长和发展过程。这种经济增长和发展达到一定程度，随着技术普及，出现成规模、成体系的技术性行业就成为普遍的经济现象。技术性行业的高附加值让为劳动者提供高报酬成为可能，这必然会吸引更多的劳动力涌向高技术行业，并使整个经济体的平均劳动力价格向技术行业看齐，进而又引起整个经济体的劳动力价格普遍上涨。当这种由技术推动的劳动力价格上涨达到某一临界点时，经济体内那些劳动密集型及众多低附加值行业要么提高产品价格，要么被淘汰出经济体。但因为这些行业所供给的商品又属于生活中的日常必需品，所以最终会造成这些商品价格的螺旋式上涨。如果此时又赶上技术革命接近尾声或者技术停滞，经济体就不可避免会产生一种周而复始的矛盾现象——滞胀。而解决这种滞胀问题的唯一途径就是把经济体内那些适应不了劳动力价格上涨的劳动密集型及众多低附加值行业转移到外部，或者说转移到劳动力价格低廉的发展中经济体。

那些成功把劳动密集型及众多低附加值行业转移或淘汰到发展中国家的经济体，也就越过了由技术推动的劳动力价格临界线而一跃成为发达国家。

被转移或淘汰到发展中国家的行业所供给的商品又属于发达国家居民的日常生活必需品，因此这些西方发达国家一方面要为其技术化经济体生产的商品开拓更宽、更广泛的世界市场，另一方面又必须进口更多被转移到发展中国家生产的日常生活必需品。这已不是私人资本能单独做到的，必须要借助国家力量——信用货币产生了。信用货币是国家力量的总体体现，对外直接输出信用货币或者直接对外购买商品，既能为本国商品开拓世界市场，又能满足国内消费需求。特别是使用信用货币直接对外购买商品，就等于把自己的信用货币发行直接建立在世界范围内的生产基础之上，以期更有效、更直接地从世界范围内汲取财富。如此，在国家力量的推动下，西方国家的信用货币随着各国资本成规模、成体系地对外扩张而逐步演化为世界货币，并开始取代资本成为从世界范围内向国内输送财富的重要工具；其经济体也就实现了把本国的生产建立在世界范围内的需求基础之上，把本国的需求建立在世界范围内的生产基础之上。最终，西方发达国家在世界范围内确立了由它们主导的国际资本体系、国际货币体系、技术体系、生产体系和贸易流通体系，随之进入经济全球化阶段。

这样，西方发达国家的基本盘逐步萎缩或被淘汰出经济体，成长盘的下部也在逐步缩小，而成长盘上部和技术盘则在逐步增大。

与西方发达国家相反，发展中国家在经济兴起和发展时，技术已经被发达国家所垄断，贫穷落后又使自身没有足够的消费能力推动经济的增长和发展。这时候，对既无技术又无消费能力的发展中国家而言，只能依靠外部消费，即出口来推动。事实上，在当时国际资本体系、货币体系、技术体系和生产力体系都被西方掌控的情况下，发展中国家要想实现经济的兴起和发展，除了依靠出口基础性和劳动密集型商品，的确别无他法。因此，发展中国家的成长盘是在基本盘的基础上主要由出口推动的，是自下而上的增长和发展过程。当发展到一定程度时，特别是一些中小规模的经济体，一方面，会出现劳动力短缺，劳动力价格上涨，商品出口萎缩和对外竞争力下降；另一方面，随着劳动者收入的提高，国内消费的增长，对中高档技术性商品的需求也在增长。而这些中高档技术性商品基本上又不是发展中国家所能生产的，最终又会造成对进口商品需求的增长。当这种由出口推动的劳动力价格上涨达到某一临界点时，一方面出口持续萎缩，另一方面进口持续增长，两者之间的矛盾激化又为周而复始的货币危机创造了条件。

在国际资本体系、货币体系、技术体系和生产体系都由西方发达国家掌控的情况下，发展中国家要想越过由消费特别是出口推动的劳动力价格临界线而跃升为发达国家，在经济上必须具备以下两点：一是建立起独立的技术化体系，二是货币在国际上具备储备货币职能。这实质上就是要求发展中国家能够摆脱受西方发达国家控制的资本体系、货币体系、技术体系和生产体系，建立属于自己的经济体系。

到目前为止，尚未有发展中国家能够做到上述两点，因此，至今也没有哪个发展中国家越过由消费特别是出口推动的劳动力价格临界线而跃升为发达国家（注：所谓的“亚洲四小龙”表面上看似进入发达国家和发达经济体行列，实则仍然随时面临货币危机的冲击）。

技术盘。技术盘也称引领盘，顾名思义就是能引领和推动经济增长和发展的部分。技术、技术性新商品、技术性新款式、技术性新设计和技术性新程序本身就能够创造出自己的消费需求。技术增长，特别是技术革命过程中创造的层出不穷的新技术及由这些新技术所形成的技术规模和技术体系，对经济增长有着巨大推动作用；技术性新行业所创造的高附加值商品及从事技术性行业的劳动者的高报酬又是推动经济增长和发展的另一个动力——消费增长的最终来源。

这就决定了在同一经济体中，当技术性行业达到一定规模时，技术性行业与那些劳动密集型及众多低附加值行业之间就会表现出劳动力价格和商品价格相互排斥。当两者矛盾激化时，那些劳动密集型及众多低附加值商品价格就会呈螺旋式上涨，进而造成持续性通货膨胀。这种类型的商品价格上涨和通货膨胀并不是需求增长和货币过多引起的，而是由行业之间的比价调整引起的。解决这类商品的价格上涨和通货膨胀，只能在技术性行业和低附加值行业之间二选一。也就是说，大体量的技术盘和附加值低的行业不会同时存在于同一个经济体内。同一个经济体内，如果技术盘体量过大，那么劳动密集型及众多低附加值行业就不会存在；反之，一个有着众多劳动密集型及众多低附加值行业的经济体，其技术盘就不会太大（这也可以解释西方国家这几年兴起的制造业回流为什么都徒劳无功）。

通过生产力转移，西方发达国家把它的消费需求建立在世界范围的生产基础之上，把它的生产建立在世界范围的需求基础之上。随着技术和生产力的对外扩张，西方资本把它的“触角”伸向世界各个角落。各国资本为了把本国商品从世界范围内开拓到更广阔的市场、购买世界范围内生产的生活必需品，把本国的信用货币推向了世界货币的地位，从而实现了把本国纸币的发行建立在了世界范围内的生产基础之上，信用货币也取代资本成为西方国家从世界范围内向国内输送财富的主要工具。

西方发达国家在越过劳动力价格临界线后，通过在世界范围内构建起的由它们主导的国际资本体系、国际货币体系、国际技术体系、国际生产体系和国际贸易流通体系，牢牢控制了世界经济。西方发达国家的技术盘逐步无限扩大。

四、社会主义制度的优越性

随着世界范围内生产力的转移和技术的增长，发展中国家也逐步掌握了那些劳动力密集型及众多低附加值行业的生产技术，并逐步摆脱了技术上对西方的依赖。特别像中国这样的发展中大国，不仅掌握了众多日常生活必需品的生产技术，在某些高科技领域与西方也不遑多让。虽然这扩张了西方信用货币发行的基础，但西方国家也开始失去对世界技术体系、生产体系和商品贸易流通体系的控制，发展中国家开始拥有了对技术体系、生产体系和商品贸易流通体系的影响力。

事实上，西方技术化经济体进一步发展和优化、发展中国家利用经济全球化和新技术革命机遇加快发展，是世界经济发展的大趋势。西方国家不可能一直牢牢控制着世界经济，而发展中国家也不可能一直被西方压榨着、控制着。问题是，西方资本追求的是绝对控制，不太愿意放弃对世界经济的控制权，近几年，西方掀起的一股要求经济上与中国脱钩的思潮就是这种心态的体现。殊不知正是中国经济的全面发展，西方经济的技术才更优化；也正是中国经济的全面发展，西方的技术化商品才能拓展出更大、更广的市场。最关键的是，正是中国的商品生产才使西方国家的信用货币发行具有了更坚实的基础，西方国家的货币币值才能保持稳定并在世界范围内更深、更广泛地流通和储备起来。如果与中国经济脱钩就是西方资本自绝财路、西方储备货币自损根基。

况且，在中国已经拥有了独立的技术体系、生产体系和贸易流通体系的情况下，怎么脱钩？难不成要逆世界潮流、悖经济规律把已经淘汰的生产线重置于国内？抑或是搞世界分裂，在中国之外再建立一个供应链体系？这两种方式最后伤害最重的不会是中国，而是西方国家和西方资本的最核心利益，甚至是“命根子”——储备货币。

西方国家对国际资本体系、国际货币体系、国际技术体系、国际生产体系和国际贸易流通体系的控制，使它们得以控制国际生产力，并因此控制了国际生产关系，这就在无形中赋予了西方国家如下权力：只允许对自己有利的事物存在，对自己不利的一切都予以打击；只要对自己有利，哪怕阻碍了国际生产力的发展也要予以维护；只要对自己不利，哪怕能促进国际生产力的发展也要予以打击。在这种情况下，发展中国家要像西方国家那样仅仅通过生产力转移就越过了劳动力价格临界线而跃升为发达国家，其难度可想而知。发展中国家要想实现上述目标，就必须摆脱经济上被西方控制，建立独立的国际资本体系、独立的国际货币体系和独立的技术体系。其中，技术体系最为关键，资本体系和货币体系也是不可或缺的，三者互为依托、相辅相成。

信用货币是国家力量的总体现。自从西方国家的信用货币取代西方资本成为西方国家从世界范围内向国内输送财富的主要工具后，西方国家就从私人资本主义全面演化为国家资本主义，世界范围内的经济竞争转变为了国家力量之间的竞争、货币之间的竞争。在国际上，没有国家力量的资本注定会一败涂地，没有世界货币作后盾的资本永远也形成不了体系。即便是技术，没有国家力量的统筹和协调也无从谈起，更别提与资本和货币形成相互依托、相辅相成的技术体系。

发展中国家要越过以消费为主要推动力的劳动力价格临界线，不仅要面对由西方国家牢牢控制的国际资本体系、国际货币体系和国际技术体系，还要与西方各国在这些体系中竞争。显然，这已经不是任何私人资本能胜任的了。

在国际层面，相对于国际生产力的现状，在中国特色社会主义民主下，以公有经济为主体、多种所有制并存的经济制度是最适合中国生产力现状、最有利于中国发展的生产关系。社会主义经济制度的优越性已经并将主要在国际层面的竞争中体现出来。

在国家层面，西方民主的主要内容就是权力分享和权力制衡，国内各利益集团共同分享国家的财富来源和财富分配权。从西方民主制度确立以来，西方国家的财富就主要来源于外部，从殖民掠夺，到资本利用技术优势统治世界，再到信用货币取代资本成为从世界范围内向国内输送财富的工具。西方民主制度下，当国内各利益集团分配不均时，从外部输送的利益可作为补充，因此，各利益集团之间的矛盾并不突出，且在对外利益上高度一致。在西方民主制度下，无论国内有多少个政党，在对外时只有一个政党，比如美国国内分为民主党和共和党，但对外时只有一个民共党。与其说西方民主更适合于西方的经济基础，倒不如说西方国家利用其对国际资本体系、国际货币体系和国际技术体系的控制，让世界更适合于西方民主，更适合于西方民主对世界的控制。

同样是西方民主，由于财富来源不同，移植到发展中国家就成了“南橘北枳”、水土不服。部分发展中国家在发展中形成了各种利益集团和各色政治组织，甚至是家族利益集团和族群利益集团，其中某些利益集团不乏会成为西方国家的利益代言人，而不是自己国家的利益代言人。这些发展中国家没有能力从外部输入更多财富，国内各利益集团争来争去也就国内那些财富，其中还有一部分要输送到西方国家。经济上，资本、技术和生产能力被国际资本控制，其他领域被国内大小资本控制，国家和政府几乎没有施政的基础。缺少了国家和政府的干预、协调，经济很容易被国内外各类大小资本分割成条块状，最终造成要么是资本供给的商品价格都出奇的高，要么是劳动力和通过劳动力供给的商品价格出奇的低。在拉美地区，有些人一生靠出卖劳动力还不能养家糊口。有些发展中国家，经济增长和发展多年后，基本盘几乎没变，甚至更大了，成长盘也只是某个阶层获得了增长，技术盘几乎没有。这时候的发展中国家，遑论在国际上，就是在国内也难以建成独立的资本体系和技术体系。至于货币，周而复始的货币危机每次不把它们打回原形已经是幸运了，就更别提越过劳动力价格临界线了。

同为发展中国家的中国就不同了。中国的基本经济制度是以公有制为主体、多种所有制经济共同发展的经济制度。在国有资本引领下，人民的利益是一致的，既不会在政治上出现各利益集团争权夺利的现象，也不会在经济上被西方资本和技术所控制。事实上，在国际技术体系由西方控制的情况下，中国要想实现技术突破，进而在世界范围内建立独立的技术体系，也只有在国有资本的引领下才能做到。与独立的国际技术体系相伴而生的是独立的国际资本体系和国际货币体系。中国目前的生产关系，是最适合国内和国际生产力现状的生产关系，也只有这种生产关系才能推动中国在世界范围内逐步建立起独立的资本体系、货币体系和技术体系，也只有这种生产关系才能够让中国越过劳动力价格临界线实现向技术化经济体转型。事实上，中国经济成功的秘诀就是中国拥有独立的资本体系。